Ich schmeiß alles hin
und werd Prinzessin

Nilz Bokelberg, am 12.10.76 in Bonn geboren. In einer Kleinstadt zwischen Köln und Bonn groß geworden. Schon früh angefangen zu schreiben. Erstes, selbstverlegtes Magazin „Das Heft" mit sechs Jahren gegründet. Auflage zwar nur „Eins", dafür aber immerhin drei Ausgaben an einem Abend. Mit 16 Jahren Theater in Bonn gespielt, als Vorgeschmack auf die Ausbildung, die nach dem Schulabschluss folgen sollte: die zum Schauspieler. Mit 17 zum Fernsehen als Moderator gekommen. Schauspielpläne vernachlässigt. Eines der ersten drei Gesichter beim damals neu gegründeten Sender Viva gewesen. Vier Jahre Musikfernsehen. Danach drei Jahre beim DSF Extremsportmagazin „Stoke" moderiert. Dabei an so schreckliche Orte wie Hawaii, Neuseeland, Australien oder Barbados gereist. Nach Geburt der Tochter kurze Pause eingelegt. Dann vier Jahre in München Regie studiert. Dabei das Bloggen für sich entdeckt. Immer aktiver im Netz geworden. Lebt mittlerweile als Autor, DJ und Moderator in Berlin. Hat täglich mehrere Blogs und Social-Network-Accounts zu versorgen. Und freut sich, wenn er dann zwischendurch zur Entspannung endlich mal wieder auf leere Word-Seiten schreiben kann. Feiert dieses Jahr 5-jähriges Blogjubiläum seines „Weltfriedens".
Check www.qlod.org/weltfrieden for real pleasure.
Or www.fuenf-filmfreunde.de for movie pleasure.
Or www.urban.becks.de for arty pleasure.
Or www.facebook.com/weltfrieden for pleasure pleasure.
Or www.twitter.com/nilzenburger for...whatever.

Silke Bolms, geboren 1972, beginnt nach dem Abitur beim lokalen Rundfunksender im schwäbischen Heilbronn ihre eigenen Radiobeiträge zu verfassen. Nach Abschluss ihres Studiums der Germanistik, Medienwissenschaften und Geschichte in Düsseldorf und einjähriger Pionierarbeit als Deutschlehrerin beim Goethe-Institut in Indonesien zieht sie 1998 nach Köln, um dort als Projektleiterin für Promotion zu arbeiten. Gleichzeitig schreibt sie für das *Große Lexikon der amerikanischen Soaps* ein Kapitel über den Denver Clan. Immerhin hat sie ihr halbes Studium damit verbracht, alle Staffeln des Denverclans mehrfach anzusehen. 1999 geht sie nach Berlin, macht mit Freunden ihre eigene Clubreihe „nachderarbeitclub" und ist als freie Texterin und PR-Beraterin tätig. Nach der Geburt ihrer Tochter Marlene im Juni 2001 arbeitet sie in einem internationalen Netzwerk für PR und Promotion für unterschiedliche Agenturen. Für die Kölner Guerilla-Promotionagentur Panthertainment leitet sie das Berliner Büro von 2002 bis 2004. Im Frühjahr 2005 gründet sie zusammen mit Kerstin Geffert ihre eigene PR-Agentur Silk Relations. Bolms unterrichtet an der AMD, Akademie Mode und Design in Berlin Public Relations und gibt PR-Gründerworkshops für die Berliner ESMOD. Sie wurde zusammen mit ihrer Partnerin Kerstin Geffert 2009 von dem Berliner Magazin Zitty zu den wichtigsten Modefachfrauen Berlins gewählt. Silk Relations unterhält das Blog www.silk-relations.com und ist auch auf Facebook unter http://www.facebook.com/Silk.Relations zu erreichen.

Ich schmeiß alles hin
und werd Prinzessin!

Langenscheidt

Berlin · München · Wien · Zürich
London · Madrid · New York · Warschau

Ich schmeiß alles hin und werd Prinzessin
Die schrägsten Gruppen aus Facebook, Lokalisten und StudiVZ
von Nilz Bokelberg & Silke Bolms

Lektorat: Alexandra Desbalmes
Layout: Dorothea Huber, Berlin

Satz: kaltnermedia GmbH, Bobingen
Druck: Himmer AG, Augsburg
Printed in Germany
ISBN 978-3-468-73817-3

11010

Der schlimmste Tag im Leben eines Facebook-Nutzers

Es war nur ein Klick auf „Gruppe beitreten" und auf einmal stand sie da, die Botschaft:
„Du hast zu viele Gruppen. Du musst eine verlassen, um dieser Gruppe beizutreten."
Wie kann ein soziales Netzwerk einem Menschen nur so etwas antun? Das basiert sicher auf der irrsinnigen Annahme, dass die Gruppen einen tieferen Sinn und Zweck hätten. Dabei funktioniert das anders:
Man tritt einer Gruppe in erster Linie bei, um den anderen zu zeigen, dass man mit dem Gruppennamen einverstanden ist, dass er die eigene Meinung repräsentiert und dass andere (je nach Mitgliederstärke mehr oder weniger) die gleiche Meinung oder Sichtweise haben. Das geht bei gesellschaftspolitischen Themen los („Gegen Pelze!" oder „Keine Atomkraftwerke!"), mit kulturellen Themen („Semperoper für alle!" oder „Wer eine Bibliothek schließt, ist ein schlechter Mensch") weiter und fängt dann an, interessant zu werden. Denn dann kommen wir zu Gruppen, die sich um Alltagsprobleme kümmern,

Missverständnisse zwischen den Menschen aus dem Weg räumen wollen oder einfach nur einen Zweck haben: nämlich komplett bescheuert zu sein.
Und genau diese Gruppen haben uns beide bei der Erstellung dieses Buches interessiert. Wir haben zuerst unsere eigenen Accounts durchsucht und uns dann in die Tiefen der Social Networks begeben, um das rauszufischen, was uns persönlich am lustigsten, absurdesten oder beklopptesten erschien.
Manche Gruppen bestehen aus mehreren 1000 Leuten, andere dagegen haben nur acht Mitglieder (oder mittlerweile noch weniger). Aber wen interessiert schon die Mitgliederzahl, wenn der Aufruf, die Anklage oder der Slogan gut gewählt sind?
Eben: keinen.
Deswegen hoffen wir, ihr habt mit diesem Buch genauso viel Spaß, wie wir beim Recherchieren hatten. Und jetzt könnt ihr zumindest die hier vertretenen Gruppen immer mit euch rumtragen und niemand kommt und sagt:
„DU HAST ZU VIELE GRUPPEN!"

Silke Bolms und Nilz Bokelberg

LEBENSMOTTO

Ich gehe in jede Gruppe! (Dabeisein ist alles)

Netzwerk	Gründername	Mitglieder
Facebook	Alexander Veit	78

Die ultimative Gruppe, die Gruppe aller Gruppen! Auf der Pinnwand steht seit ihrer Gründung (und zum Zeitpunkt, an dem ich diese Zeilen schreibe) ein einziger Kommentar: „Hey, hier is aber nich viel los ey, macht ma was oder so ...".

Könnte man es noch schöner auf den Punkt bringen? Allein die Poesie in der ungenauen Aufforderung „macht ma was, oder so ..." wäre ein eigenes Buch wert. Tut etwas, oder tut nichts, aber tut was! Dabei hat man es hier ja nicht mit einer Gruppe zu tun, die durch ihre große Aktivität glänzen möchte, im Gegenteil: Jede Aktion wäre eine Aktion zu viel und würde den Gruppennamen ad absurdum führen, denn hier kann man den Spaß, den man an Gruppen hat, endlich einmal ungestört ausleben: In einer Gruppe sein! Nichts schreiben müssen, sondern durchs Dabeisein schon Verbundenheit demonstrieren. Ich glaube, mir tropft gerade eine Träne der Rührung auf die Tastatur. Ja, Männer und Frauen in dieser Gruppe, ihr habt recht: Dabeisein ist wirklich alles. Und nun könnt ihr das auch. Bravo.

Ich schmeiß alles hin und werde Prinzessin!!!

Netzwerk	Gründername	Mitglieder
Facebook	Viola Maria Cont	127.751

Diese Gruppe gibt nicht nur unserem kleinen Büchlein seinen Namen, sondern ist auch mit Abstand die am besten besuchte Seite, zumindest was meine Recherchen anbelangt. Da zeigt sich die heimliche Sehnsucht nach einem ruhigen, sorgenfreien Leben. Dem einer Hausfrau? Nein, weit gefehlt. Eine Prinzessin lebt im Westflügel eines Schlosses, das nur donnerstags für Besucher geöffnet ist. Ich kann mir schon vorstellen, in welchen Situationen man solche Wünsche aufkeimen fühlt. Wenn man im Fiat Panda mal wieder versucht, auf der Münchner Maximilianstraße einen Parkplatz zu bekommen, und vor einem ne Blondine mit dem neuesten Porsche Cayenne (in Weiß natürlich) in die Parklücke rückwärts einparkt, ohne zu fragen. Auf dem Rücksitz das Maxi-Cosi mit dem süßesten blonden Jungen drin, auf dem Weg zur Kosmetikerin oder zum Shoppen. Natürlich mit der Kreditkarte des dazugehörigen Prinzen. Hm, obwohl – unter den Umständen würde ich persönlich lieber bei meinen Leisten bleiben, aber bitte!

Abends ARONAL –
Morgens ELMEX ...
mal was riskieren!

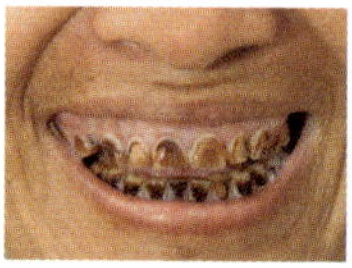

Netzwerk	Gründername	Mitglieder
Facebook	Jens Urbaniak	564

Aronal und Elmex sind Relikte der alten Zeit. Die unterschiedlichen Tuben, die ich mir immer mit Elmex wie „evening", also „abends" gemerkt habe, und Aronal war halt dann morgens, standen immer innig vertraut nebeneinander im Badezimmer. Das Blöde war nur, dass man nach spätestens drei Monaten in Verzug kam, weil eine Tube komischerweise immer als erste leer war. Meistens die Elmex, und dann musste man nachkaufen, und dann natürlich beide wieder, und so ging es weiter, bis man wirklich mal was riskierte. Und einfach mal den Hersteller wechselte. Endlich hatte man nur noch eine Tube im Bad.

Ich lese keine Gebrauchsanleitungen ... ich schau einfach, was passiert :D

Netzwerk	Gründername	Mitglieder
Facebook	Frank Zotter	43.663

Männer in der Großstadt haben's heutzutage echt schwer, ein Abenteuer zu finden, dessen Risiken überschaubar sind. Was also macht der Spannungs-Junkie in den Metropolen um den gewissen Thrill zu erleben? Nun, erstmal streunt er stundenlang durch alle Abteilungen der einschlägigen Elektronikmärkte. Er freut sich wie ein Kind, wenn er dabei ein Gerät findet, das irgendjemand in seinem Umfeld braucht, von dem er aber keine Ahnung hat. Also zum Beispiel ein elektronisches Fußbad. Da werden dann alle Features und natürlich auch Preise der Geräte miteinander verglichen, damit man ja das richtige mitnimmt und zu Hause als Fachmann wahrgenommen wird. Hat man sich für eins entschieden, geht's schnell nach Hause, auspacken und sofort Wasser hineinfüllen. Ob man wisse, was man da tut? Die Frage ist vermessen. Wie schwer kann das sein? Eine Anleitung braucht man dafür wirklich nicht. Natürlich auch nicht, wenn man kurze Zeit später die Salatschleuder kleinlaut wieder umtauschen geht.

Hurra!!!
... ach ne, doch nicht.

Netzwerk	Gründername	Mitglieder
StudiVZ	Andreas Engelmann	86.077

Ich liebe solche Ausrufe als Gruppennamen. Vor allem, wenn sie so einen großen Assoziationsspielraum zulassen. Dieser Satz, wie oft kommt der einem in den Sinn? Wenn man an Weihnachten fest mit der Konsole rechnet und das große Paket ungeduldig aufreißt, nur um zu sehen, dass eine Küchenmaschine drin ist. Die hübsche Frau am anderen Ende der Bar, die einem schon den ganzen Abend zulächelt, die aber dann leider besoffen vom Hocker fällt, als man sich endlich ein Herz fasst und zu ihr rübergeht. Die Freundin, die sagt, dass sie einem was vom Shoppen mitbringt und dann ist es eben kein Egoshooter, sondern ein Buch über Balkonpflanzen. Oder ganz allgemein das Wetter der letzten paar Jahre hierzulande. Ach, es ist ein universelles Bonmot, in so vielen, schönen Situationen. Wenn man nicht selber drinsteckt.

Die Freizeit darf unter dem Studium nicht leiden!

Netzwerk	Gründername	Mitglieder
StudiVZ	Olaf Brückner	8.310

Das ist so schrecklich. Dieser Stress. Man hätte so viel zu tun, so viel Wichtiges zu erledigen und was ist: Man sitzt die ganze Zeit an dieser Hausarbeit für die Uni. Dabei fährt draußen gerade ein Eiswagen vorbei! Und gegenüber in der Galerie ist eine Vernissage! Und die Zigaretten auf dem Balkon, die rauchen sich auch nicht von alleine! Abgesehen von meinen Freunden, die jetzt ganz allein und desorientiert im Freibad sitzen und nicht wissen wohin ohne mich, denn ich kenne mich da einfach am besten aus. Ich hab das Gefühl, dass bei diesem Wetter mein Fahrrad einrostet, wenn es nicht gefahren wird. Dieser Appell ist der dringendste, den man im Studium ausrufen kann: Die Freizeit darf unter dem Studium nicht leiden! Das ist doch klar! Oder möchten Sie nur Lernroboter haben, die alles machen, was Sie sagen, ohne ein Leben zu haben, in dem sie Erfahrungen sammeln und das Gelernte auch anwenden können?

Früh aufstehen ist
der erste Schritt
in die falsche Richtung!

Netzwerk	Gründername	Mitglieder
StudiVZ	Andreas Engelmann	103.135

Über 100.000 Mitglieder demonstrieren bei StudiVZ, dass sie relativ wenig vom „frühen Vogel" halten. Und dabei geht es nicht mal darum, mit dem falschen Bein aufzustehen. In diesem Fall sind alle Beine, die sich aus dem Bett schwingen müssen, die falschen. Liegen bleiben lautet die Devise, die zu einem glücklichen Leben führen soll. Das an dem Konzept „Frühaufstehen" was faul ist, fällt einem ja schon in der Schule auf, wenn man um acht Uhr morgens plötzlich Wurzeln ziehen soll. Richtig wäre mittägliches Aufstehen. Mit aller Ruhe. Den Tag begrüßen. Und sich dann langsam an die Arbeit machen. Klingt das nicht gleich vielversprechender? Andererseits: Wenn sich das etablieren sollte, dann ist das irgendwann für irgendwen auch wieder zu früh und dann geht der ganze Quatsch von vorne los. Halten wir also fest: Die Hauptsache ist, dass man überhaupt aufsteht. Der Rest findet sich dann schon. Meistens.

Is mir egal, ich lass das jetzt so!

Netzwerk	Gründername	Mitglieder
Facebook	–	**44.914 gefällt das**

Ich bin beeindruckt, diese Facebook-Seite hat sogar ein eigenes Merchandise-T-Shirt. Respekt! Muss ich haben! Mein ganzes Leben besteht aus dem Motto – is mir egal, ich lass das jetzt so. Irgendwie schummelt man sich schon durch und hofft, dass es keiner merkt. Hier freuen sich die Menschen wenigstens, wenn man ihnen auf die Schliche kommt: „Bei FB gesurft – festgestellt, dass fast alle, die ich kenne, verheiratet sind, Kinder haben und Häuser bauen – ich bin Single, hab nur ne Katze und ne zu kleine Wohnung – is mir egal, ich lass das jetzt so :-)." Über 40.000 Personen sind erleichtert, dass sie hier endlich einen Beichtstuhl der „Nobody is perfect"-Gemeinde gefunden haben! Eine der humorvollsten Seiten bei FB – laut meiner Recherche. Und wenn jemand was anderes rausfindet, ... is mir das egal, ich lass das jetzt so!

Fettnäpfchen? – Viel zu klein! Ich nehm direkt die Fritteuse!

Netzwerk	Gründername	Mitglieder
Lokalisten	Tony-G	1.004

Naja, also diese Gruppe ist laut Beschreibung „für alle,
– die zwei linke Hände haben.
– die einfach alles selber machen müssen, obwohl sie keine Ahnung haben.
– die bei Beziehungen schon viele kuriose Sachen erlebt haben.
– die einfach nur verplant sind."
Und sie „sind verdammt stolz drauf! ;-)". Auf die Fritteuse, in die sie immer treten? Geballter Dilettantismus fröhlich vereint macht stark und irgendwie auch sympathisch. Die Beiträge der Gruppenmitglieder reichen von „Ja, genau, das ist ein peinliches Fettnäpfchen." (die Jack-Daniel-Story kann man dort selbst nachlesen ;-)) bis zu „Was soll denn daran jetzt peinlich sein?", wenn der Chef den Geburtstag um einen Tag verpasst. Das passiert mir jedes Jahr.

Wenn ich's nicht kann, wer dann?

Netzwerk	Gründername	Mitglieder
Facebook	Christoph Amshoff	40

Diese Gruppe müssen wir aus Ehrengründen aufnehmen, weil sie ein Freund von mir gegründet hat. Und der weiß und kann nun wirklich fast alles! Vor allem kann er gut Geschichten erzählen, z. B. wie er vor zwanzig Jahren seinen ersten Club in Fulda gegründet hat. „Das war so ein Kollektiv, du weißt schon ;-)", aber die Leute von heute wissen halt eben nichts mehr von solchen Dingen. Wenn die jungen Mädchen im Büro ankommen und ihre Geburtsdaten preisgeben, muss ich schon immer sagen: „Was? 87?? Da hatte ich das erste Mal Sex!" Als Antwort kommt von Christoph dann nur ein trockenes: „87? Da hatte ich zum letzen Mal Sex!" Christoph sollte auch dringend bald die Gruppe aufmachen: „50 und noch keinen Deut leise!" Bis dahin begnügen wir uns mit dieser Gruppe und mit seiner zweiten eben gegründeten Gruppe: „Wenn ich's nicht weiß, wer dann?"

Männer, die keine Lust auf Kindergeburtstag haben

Netzwerk	Gründername	Mitglieder
Lokalisten	hasel-1	5

Ja, dazu bekennen sich die Männer nun nicht wirklich gerne, war klar, aber ich bin mir hundert Prozent sicher, dass viele auch so denken, sich nur nicht trauen, das offen auszusprechen. Ich meine, was ist schon reizvoll dabei, mit zwölf überdrehten Kindern im Park zu stehen und unter bunten Girlanden „Kaiser, welche Flagge weht heute?" zu spielen? Den ganzen Tag verdreckte Kinderhände abputzen und aufpassen, dass keiner der Kurzen in den Parkbrunnen fällt. Nach so einem Kindergeburtstag, wenn die letzten Würstchen in den Mündern der hungrigen Plagen verschwunden sind, kann man schon fix und fertig mit den Nerven sein. Zum Glück, ihr Männer, ist das nur einmal im Jahr und es wäre schon schade, wenn ihr auf den Fotos im Album fehlen würdet, oder?

Ernsthafte, junge Männer

Netzwerk	Gründername	Mitglieder
Facebook	–	2.514 gefällt das

Endlich eine Gruppe, die durch ständige Statusmeldungen lustig wird und der nicht schon nach dem Gruppennamen die Luft ausgeht. Der Witz steckt in den Ergänzungen des Satzes „Ernsthafte junge Männer ...". Meine Lieblingssätze: „Ernsthafte, junge Männer parken dein Auto außerhalb von Kreuzberg". „Ernsthafte, junge Männer können dir stundenlang beim Schminken zusehen." Oder: „Ernsthafte, junge Männer kaufen dir fettarme Vollmilch." Man könnte fast denken, da steckt ein sehr ernsthaft verliebter Mann dahinter, der seiner Frau jeden Tag aufs Neue seine Liebe beweisen möchte. Ich hoffe nur, dass die Frau ihn nicht als Weichei irgendwann rausschmeißt. Wer steht schon drauf, wenn ernsthafte junge Männer Picknickkörbe besitzen mit rotweiß karierten Decken (just in case)?

ECHTE Männer streiten nicht, sie spielen Schere-Stein-Papier

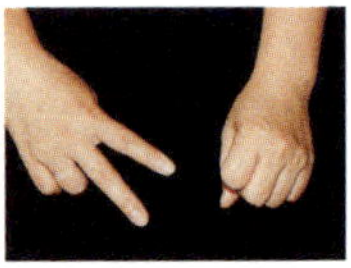

Netzwerk	Gründername	Mitglieder
Lokalisten	hechenrider	42

Eine echte Quatsch-Gruppe, die dadurch witzig wird, dass man sich zum Beispiel folgende Szene vorstellt: Ein Mann kommt nach Hause und findet seine Frau im Bett mit seinem besten Freund. Erst mal keine so unvorstellbare Sache, oder? Anstatt ihm amtlich eins in die Fresse zu hauen, was normal und für das Wutempfinden gut wäre, stellen sich die beiden in die Küche, und während der Freund sich noch die Hosen anzieht und sich eine Zigarette anzündet, macht sich der Mann schon mal warm mit Handgelenksübungen. Und dann geht's los: „SchnickSchnackSchnuck." „Scheiße, schon wieder Papier! Noch mal!" „SchnickSchnackSchnuck, Schere! Gewonnen! Dann kann ich jetzt ja weiter machen ...", sagt der beste Freund zu seinem Rivalen, der verdattert, aber einsichtig von dannen zieht. So werden Konflikte gewaltfrei gelöst. Feine Sache.

Echte Männer können Drehtüren zuknallen

Netzwerk	Gründername	Mitglieder
Facebook	Peter Wild	270

Ich bin mir nicht ganz sicher, was mir der Gruppengründer damit sagen möchte. In der Beschreibung steht nur: „Ich würde sagen, der Titel ist selbsterklärend!" HÄ? Für mich erschließt sich hier nix. Soll das heißen, dass es echten Männern erlaubt ist, unkontrollierte Wutausbrüche auszuleben? Und sich so wenig im Griff zu haben, dass man sogar Drehtüren knallen muss? Das will ich sehen! Ich hab unwillkürlich das Bild von Louis de Funès vor Augen, der in der Drehtür stecken bleibt und so lange im Kreis rumgewirbelt wird, bis ihm schlecht wird. Klasse Slapstick-Klassiker! Noch besser gefällt mir der Kommentar eines Mitglieds: „Ich als Gentleman halte der Frau sogar die Drehtür auf!" Das hat Stil.

Meine Motivation rennt nackig mit 'nem Cocktail über die Wiese

Netzwerk	Gründername	Mitglieder
Facebook	–	15.341 gefällt das

Wow, die Fananzahl dieser Seite wächst minütlich! Unglaublich: Etwa 1000 zusätzliche Fans in nur einer Woche konnte die Seite letztens verzeichnen, man fragt sich nur warum. Irgendwie dünkt mir da ein werblicher Hintergrund, denn die Kommentare sind fast nur von den Gründern. Schon suspekt, das Ganze. Und so ganz komm ich nicht dahinter, was sie eigentlich damit meinen? Ein nackter Mann rennt über eine Wiese mit einem Cocktail in der Hand? Hm, ist Motivation männlich? Läuft die weg? Freut die sich? Keine Ahnung, aber irgendwo muss die Motivation der Gründer ja herkommen. Also gebt euch zu erkennen! Wir sind alle gespannt, wo die Motivation hinrennt. Und wie der Cocktail schmeckt!

In 100 Tagen zum SEXSYMBOL

Netzwerk	Gründername	Mitglieder
Facebook	Chriz Topf	38

Diese Gruppe macht nur wirklich Spaß, wenn man den Gruppengründer persönlich kennt. Ein Vergnügen, das mir zum Glück vergönnt ist. Die selbstdarstellerische Art von Chriz Topf macht gute Laune, vor allem, wenn man sich die vielen Bilder aus den diversen Münchner Bierzelten anschaut, gerne auch mit vollbusigen rothaarigen Frauen im Arm, die mehr Sommersprossen im Gesicht als Salzkörner auf der Brezel haben. Die Frage ist nur, ob 100 Tage ausreichen, um aus diesem jungen Mann ein Sexsymbol zu machen. Laut Wikipedia ist ein Sexsymbol „eine berühmte Person, männlich oder weiblich, die von der Allgemeinheit als sexuell attraktiv wahrgenommen wird. Der Ausdruck wurde erstmals im Jahr 1911 verwendet." Die Allgemeinheit müsste sich ja dann mittels der Kommentare über den Fortschritt im Schaffen des Herrn Topf äußern. Auf der Pinnwand sieht's aber immer noch ein bisschen spärlich aus. Vielleicht schicken wir ihn einfach noch mal ins Trainingslager, ins Fitnessstudio, zum Flirtseminar oder sonst wohin, um dann die Erfolge wirklich feststellen zu können. Herr Topf, wir gewähren Ihnen noch mal 100 Tage, o.k.?

Lasst doch erstmal die Leute aus dem Bus, verdammt!

Netzwerk	Gründername	Mitglieder
StudiVZ	Imke M.	5.715

Manche Sachen an Berlin sind ja total super. Und manche Sachen eher nicht so. Aber was mich wirklich – jeden Morgen und jeden Abend – total ankotzt und nervt, ist das Reindrängen von Menschen in Busse und Bahnen, bevor diejenigen aussteigen können, die raus wollen. Nun könnte man denken, das wäre vor allem die unbekümmerte Jugend, die so rücksichtslos agiert: Weit gefehlt! Am schlimmsten sind die Alten, die schon einen Sitzplatz ausgemacht haben und so schnell wie möglich einsteigen wollen, um den Platz ihrer Wahl auch wirklich zu ergattern. Ohne Rücksicht auf Verluste wird da brutalstmöglich eingestiegen und zum Sitz gestürmt. Ich mache mir übrigens immer einen Spaß daraus, diese Leute dann ganz ernst anzusehen und mit einem „Tststs" auf den Lippen enttäuscht den Kopf zu schütteln. Die gucken dann zwar immer demonstrativ weg, aber ich weiß: Tief in ihrem Inneren schämen sie sich. Mission completed.

Das Leben ist zu kurz, um nur Dressur zu reiten

Netzwerk	Gründername	Mitglieder
Facebook	Markus Wakonig	303

Ok, diese Gruppe hier interpretiere ich so: Dressur ist Pflicht, Disziplin und Konzentration! Das Pferd geht am Zügel, man hat alles unter Kontrolle und der Reiter verschmilzt mit dem Pferd. Sehr anstrengend, aber auch sehr effektiv! Meint der Gruppengründer jetzt, dass man sich die Freuden des Lebens nimmt, wenn man nicht auch mal im Westernsattel durch den Wald prescht? Wenn ja, dann trete ich auch sofort in die Gruppe ein. Im gestreckten Galopp über'n Acker, das wär mal wieder was. Das letzte Mal, dass ich auf nem Gaul saß, hat mich der fiese Haflinger erst abgeworfen und dann ist er mit mir durchgegangen. Das hatte ich dann von meinem gestreckten Galopp: Offene Fleischwunden an der Hand, den schlimmsten Muskelkater meines Lebens und der Hintern tat mir ne Woche lang weh. Mit den feinen Dressurhandschühchen wäre mir das nicht passiert!

Ich fahre durch den McDrive und esse dann auf dem Parkplatz

Netzwerk	Gründername	Mitglieder
Lokalisten	_kleinerHai_	76

Ich fahr nicht nur durch den McDrive, ich fahr auch durch den Burger-King-Drive-in dann am liebsten, wenn ich die Zeit habe, das nahrhafte Essen noch direkt auf dem Parkplatz zu verschlingen. Den Weg nach Hause schaffe ich eh nicht mehr, wenn die Pommes so schön aus der Tüte raus duften! Da kann man doch nicht anders, als erst mal reinzulangen! Und dann muss man auch direkt das Ketchup aufmachen, sonst schmecken die Dinger ja nicht und, schwups, hat man den ganzen Burger in der Hand – und an der nächsten Ampel den Salat an der Handbremse kleben … Immer das Gleiche! Und wieder mal sind zu wenige Servietten mit eingepackt worden und Mayo fehlt auch. Also ist es am besten, man hält direkt auf dem Parkplatz, schiebt den Fahrersitz ganz nach hinten und klappt in Ruhe den Burgerpappkarton auf, Pommes in den Deckel rein, Ketchup und Mayo drüber und genießt. Hmmmm ...

SPRACHE

Kölsch is the only language you can drink!

Netzwerk	Gründername	Mitglieder
Facebook	Niklas Huyeng	4.064

Ich bin ja „ne kölsche Jung". Und wie das bei uns so ist: Wir lieben unsere Stadt über alles. Wahrscheinlich immer noch ein bisschen mehr, als andere, die ihre Stadt lieben, ihre Stadt lieben. Wir haben einen Fußballverein, bei dem wir jedes Tor wie einen Champions-League-Titel feiern, wir haben ein vornehmlich in den 50ern und 60ern wiederaufgebautes Stadtbild, das von Niels Ruf sehr treffend als „Köln ist Karl Dall als Stadt" bezeichnet wurde, und wir haben eine Band wie die Höhner, die einem Auswärtigen wie vom anderen Stern vorkommt („Warum reißt der Mann mit dem Schnurrbart die Augen immer so auf?"). Aber all das finden wir Kölner toll. Wir lieben die Höhner vor allem für „Viva Colonia", wir freuen uns in der Hässlichkeit der Stadt über die kleinsten Sachen, und der FC, naja, immerhin spielt er meistens in der ersten Liga. Und, das ist eben das Besondere, wir haben das leckerste Bier in Deutschland. Benannt nach unserem Dialekt. Das macht uns keiner nach. Das geht nur in Kölle. Alaaf!

My english is so good that makes me nobody so quickly after

Netzwerk	Gründername	Mitglieder
Facebook	Aggro-Meli Rückwärts-gesprochen Issiebok	2.305

Ich hatte auf dem Gymnasium einen Englischlehrer, der konnte sich stundenlang darüber beömmeln, seinen Fortgeschrittenen-Unterricht „English for runaways" zu nennen. Also sozusagen „literal English". Und das hat ja über die Jahre immer viele Freunde gehabt. Auch ich hatte einmal ein Erlebnis der wörtlichen Übersetzungsart: Ich saß mit einem Freund zusammen und aus Langeweile begannen wir, einen Songtext von ihm wörtlich zu übersetzen. Aber in einer „Wörtlichkeit", die wir absolut auf die Spitze trieben. Ein Beispiel? Okay, ein kleines: „I heinhe me...". Na? Was heißt das wohl? Heinhe? Nie gesehen das Wort? Man muss es auch so sprechen: he-in-he. Dämmert's? Wörtlich übersetzt wäre es ja: Er-in-Er. Also: Ich erin(n)er mich ... Jetzt ist es klar geworden, denke ich. Aus dem schönen Begriff „... raffte ich ..." wurde übrigens „... germanterroristorganisation-T I ...". Man sieht also: Der Gruppengründer kann gerne noch eine Schippe drauflegen. Schlimmer geht immer.

Westerwave – no one can reach me the water

Netzwerk	Gründername	Mitglieder
Facebook	–	73.936 gefällt das

„Become a fan from the German outside minister!" Mit dieser Gruppe ist Facebook wohl berühmt geworden. Selbst meine Mutter kennt sie. Sie ist extra deswegen bei Facebook eingetreten, weil sie sich über die Kommentare der User köstlich amüsieren kann. Die öffentlichen Auftritte beim Amtsantritt unseres Außenministers waren aber auch echt das mediale Highlight des Jahres 2010, was eigentlich nur von Öttinger getoppt werden könnte. Ansonsten ist diese Gruppe immer aktuell und kommentiert das politische Tagesgeschehen in astreinem Business English, wie z. B. „I'm very happy with our new sparepacket. He reached, that the whalers of my party came unshaved therefrom: Bankmen, Hotelmen and rich hotelguests with great bank accounts. And the steerings will NOT be heightened – no whalefore-speakbreak! Naturally, it will now be a little bit difficulter for young families, travellers ..."

In mei homeland Baden-Württemberg ... wi ar ol sitting in won boot

Netzwerk	Gründername	Mitglieder
Facebook	Danny Winterberg	9.796

Die Mitgliederzahl dieser Gruppe geht stetig nach unten. Wundert mich nicht, denn es ist doch eher ein Abklatsch der Westerwave-Gruppe, aber nicht unbedingt unwitziger. Die Beschreibung der Gruppe heißt: „Oettinger Talking English –Worse than Westerwave". Naja, ein bisschen fies ist das schon, hat er das verdient? Ich denke, viel nehmen sich Westerwave und Oettinger nicht. Bei Herrn Oettinger kommt halt noch dieser echt lustige schwäbische Singsang und die doch etwas abgehackte Aussprache hinzu, die das Ganze umso lustiger macht. Hmm, lasst es mich so sagen: Die englischen Auftritte des baden-württembergischen Ministerpräsidenten überschatteten das sonst so angesehene, vorbildhafte Bundesland schon etwas. Aber die Gruppenmitglieder nehmen es gelassen, was die grandios getexteten Kommentare zeigen: „His English is under all pig", heißt es da, oder „Holla the woodfairy" – diese Art der Englischübersetzung setzt der Fantasie keine Grenzen. Und auch dafür ist Baden-Württemberg bekannt: „Tja, we can evrising, außer Englisch".

Leute, die ihren Nachnamen immer buchstabieren müssen

Netzwerk	Gründername	Mitglieder
Facebook	Carl Majneri	47.975

Als ich meinem Vater früher beim Telefonieren zuhörte, dachte ich immer: Boah, hat der viele tolle Vornamen: Berta, Otto, Ludwig, Martha, Siegfried. Aber wieso so viele Mädchennamen? 20 Jahre später finde ich mich in der gleichen Situation wieder. Silke Bolms. Wie? B-O-L-M-S. Und wieder von vorne: „Berta, Otto …" Warum mein Nachname so schwierig ist, hab ich nie wirklich verstanden. Vielleicht sind es zu viele Konsonanten hintereinander für einen normalen deutschen Nachnamen? Wie schön, hier in dieser Facebook-Gruppe endlich Leidensgenossen gefunden zu haben, die in epischer Breite ihre ganzen Buchstabiermarotten verraten, erklären und sich gegenseitig bemitleiden. Wie zum Beispiel Herr Zeman. Beim Arzt passierte ihm folgende Geschichte: Arzthelferin: „Zeman? Wie schreibt man das?" Er: „Wie der Zeh ohne H und der Mann mit einem N." (die Standardantwort). Arzthelferin: „Ach, wie das Indefinitpronomen ‚man'". Er so: „Öh?! Indefinitprono …"

Wenn ich nen Künstlernamen hätte, dann ja wohl Action und nicht Bokelberg!

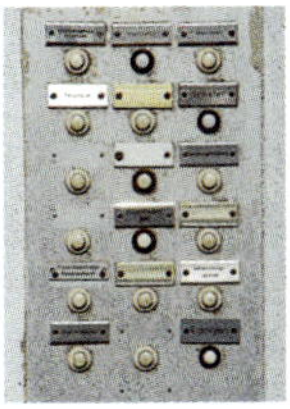

Netzwerk	Gründername	Mitglieder
Facebook	Nilz Bokelberg	8

Ich gestehe: Ich habe – Überraschung! – diese Gruppe gegründet. Aus einem ganz einfachen Grund: Ich bin im Laufe meines Lebens, vor allem zu TV-Hochzeiten, öfter gefragt worden, ob Bokelberg mein Künstlername sei. Die Frage hab ich nie richtig kapiert. Beziehungsweise die Fantasie der Fragesteller. Wie kann man denn darauf kommen, dass ich mir einen Künstlernamen wie „Bokelberg" ausdenke? Was müsste ich für eine Vorstellungskraft haben, um zu sagen: „Hmm, ich finde meinen Namen langweilig, deshalb nenne ich mich ab heute: Nilz Bokelberg! Haha! Mit diesem Namen werde ich die Welt erobern!"?
Vielleicht wäre es nicht der originellste, aber wenn ich mir jemals einen Künstlernamen hätte geben wollen, dann wäre dieser Text jetzt von Johnny Action geschrieben. Oder von Prince Power. Da aber mein Name nicht nur recht rhythmisch klingt, sondern von einigen anscheinend auch für einen Künstlernamen gehalten wird und sich zudem als Name für mich in den letzten 33 Jahren ganz gut durchgesetzt hat, bleibe ich dabei. Den Johnny Action heb ich mir als Reserve auf. Man weiß ja nie.

Ich kaufe ein „A“ und löse „Bockwurst“

Netzwerk	Gründername	Mitglieder
Lokalisten	Detzman	52

Beschreibung der Gruppe: „Dummer Spruch“. Ach echt? Hätte ich nicht gedacht! Klüger wird man auch nicht bei folgendem Beitrag der Gruppe: „Mit Seperat Siegfrid und Rapid Rainer is der Progressiv Waldi mit dem Chipi seim Großraumfahrrad bei Bodo ne Bockwurst kaufen.“ ???? HÄ? Ich muss bei „Ich kaufe ein ‚A‘“ immer an die alten Glücksradsendungen auf SAT.1 denken, an die Zeiten, in denen noch bunte Kreise das Logo waren und die Buchstaben händisch von der großen, schlanken Maren umgedreht wurden – mit einem ewigen Lächeln auf den Lippen. Ihre Kleider waren meistens blau und ausgestellt. Der Name „Buchstabenfee“ wurde geboren, hochpoetisch wie ich finde. Gelegentlich kam es vor, dass ein Kandidat mehr Geld erdreht hatte, als Gegenwert in Gewinnen in einer Palette vorhanden war. Dann fielen so legendäre Sätze wie: „Ich nehme die grüne Gewinnpalette und die blaue, und aus der gelben alles außer dem Toaster.“ Wenn es bei der Gruppe um solche Sendungen geht, finde ich „Ich kaufe ein ‚A‘ und löse ‚Bockwurst‘“ super. Diese Niveaulosigkeit muss der Nachwelt erhalten bleiben.

Achtung! Hier spricht der Kapitän der MS Niveau! Wir sinken!

Netzwerk	Gründername	Mitglieder
StudiVZ	Markus Weerts	5.287

Niveau wird ja gemeinhin überschätzt. Eine niveauvolle Diskussion, ein niveauvolles Abendessen, ein niveauvoller Film: Ist irgendetwas davon KEIN Euphemismus für „sterbenslangweilig"? Eine niveauvolle Diskussion bedeutet den anderen Diskutanten ausreden zu lassen und dann ganz ruhig seinen eigenen Standpunkt zu vertreten, bevor man miteinander mit einem Kir Royal anstößt und sich wieder zurücklehnt. Ein niveauvolles Abendessen bedeutet mehrere Gänge, Meeresfrüchte-Quatsch, ein Hauptgang, der dem Brimborium zuvor nicht gerecht werden kann und ein Dessert, das bemüht originell ist. Dazu Gesprächslautstärke knapp über flüstern, weil man ja die Pianomusik nicht stören möchte, die in einer Ecke live vorgetragen wird. Ein niveauvoller Film hat eine Handlung, die man vermutlich nicht zur Gänze nachvollziehen kann und dazu Dialoge, die zwar hölzern wirken, aber in Wirklichkeit unheimliche Tiefe haben. Hmm. Warten Sie, Kapitän! Nehmen Sie mich mit!

Kann mir bitte mal jemand das Wasser reichen?

Netzwerk	Gründername	Mitglieder
Facebook	Markus Corvin Rapp	2.854

Süffisante, doppeldeutige Gruppe, deren Mitglieder sich immer wieder mit witzigen Wasser-reich-Geschichten übertrumpfen. Wenn man bedenkt, dass die ganze Facebook-Welle mit der Gruppe „Guido Westerwave, no one can reach me the water" ihren Anfang nahm, dann macht das hier noch viel mehr Spaß. Auch der Gegensatz zwischen dieser wirklich netten, höflichen Frage und ihrer bestechenden Arroganz sitzt auf dem Punkt. Das Gruppenvideo „Kaltes klares Wasser" stellt den perfekten Soundtrack zur Gruppe. Und da die Frage „Kann mir denn überhaupt jemand das Wasser reichen" kategorisch mit NEIN beantwortet wird, find ich diesen Satz eines Mitglieds umso passender: „Ist denn überhaupt noch Wasser da?" Und wenn nicht, dann nehm ich bis dahin eine Jackie-Cola – das geht auch!

Ich spreche fließend Ironisch.

Netzwerk	Gründername	Mitglieder
Facebook	Ursina Cajochen	43.183

Oh sweet irony. Wie lieben wir sie. Dabei ist das so eine Sache mit der Ironie: Die funktioniert ähnlich wie Japanisch. Vom Japanischen sagt man ja immer, da gäbe es Worte, die gleich geschrieben werden und im Prinzip auch die gleiche Aussprache haben. Nur dadurch, dass die anders betont werden, haben sie eine komplett andere Bedeutung. Also nach dem Motto: Wenn man die erste Hälfte betont, dann bedeutet das „Ich liebe dich", aber wenn man die zweite betont, heißt das „Ich habe mich in deine Schwester verguckt und möchte mit ihr eine 12-köpfige Familie gründen." Und ebenso ähnlich ist es mit der Ironie. Deswegen bedeutet fließend Ironisch zu sprechen eben nicht, alles und immer ausschließlich ironisch zu meinen. Denn jeder, der schon einmal ein solches Exemplar getroffen hat, weiß, wie unglaublich anstrengend und lästig Gespräche mit solchen Experten sind. Wenn man nicht mal eine Sekunde ernst sein kann: Worüber dann unterhalten? Die Dosis macht die Ironie.

Ich bin der Einzigste wo das besser machen können tut als wie du

Netzwerk	Gründername	Mitglieder
StudiVZ	Carolin Seeger	179

Ich muss an dieser Stelle etwas gestehen: Auch ich habe den Begriff „Einzigste" noch bis in meine 20er Jahre hinein aktiv in meinem Wortschatz herumgetragen. Das allein wäre schon peinlich genug, schlimmer wird es eigentlich nur dadurch, dass ich es sogar im Fernsehen benutzt habe. Bis eines Tages mein damaliger Producer mitten in einer Moderation von mir abbrach, seine Hand auf meine Schulter legte, mir mit einem leisen Hauch von Verzweiflung tief in die Augen blickte und sagte: „Nilz, wie soll es eine Steigerung von ‚einzig' geben?" Das leuchtete mir sofort ein. Seitdem meide ich diesen Fehler wie der Teufel das Weihwasser und frage mich aber im gleichen Atemzug: Warum kann in der Grammatik nicht alles so logisch aufgebaut sein? Warum gibt es keine wirklich l o g i s c h e n Regeln für die Benutzung von ss/ß zum Beispiel? Oder anders gesagt, falls es da plausible Gesetzmäßigkeiten für geben sollte: Warum kann ich mir die nicht merken?

Das „Einzigste“ GIBT ES NICHT!!!

Netzwerk	Gründername	Mitglieder
Facebook	Michaela Meyer	240

Manche Leute scheinen wirklich noch nix davon gehört zu haben, dass es die Steigerung von „einzig“ nicht gibt. Ich finde ja die „Wir retten die deutsche Grammatik“-Diskussion, die in den letzten Jahren in Deutschland angeheizt wird, etwas anstrengend. Ich hab mich immer gefreut, wenn meine schwäbische Oma mich bat, ihr mal „das“ Teller zu geben. Macht so ne Sprache doch auch lebendiger. Die Kommentare und spitzfindigen Anmachen der Gruppenmitglieder untereinander lassen auch einen deutlich aggressiven Unterton erkennen. Sie reden von körperlichen Schmerzen, wenn sie das Wort „zumindestens“ hören und beschimpfen sich gegenseitig als Möchtegern-klugscheißer. Vielleicht frag ich einfach mal in die Runde, ob das „Einzigste“ und das „Einzige“ das Gleiche oder dasselbe ist?

Günter Wallraff ist Helene Hegemann

Netzwerk	Gründername	Mitglieder
Facebook	Keine. Günter? Warst du es?	306

Eine gute Gruppe macht natürlich vor allem eine gute Punchline aus. Und mich hat es sehr gewundert, als ich diesen Gruppennamen bei einem meiner Facebook-Freunde entdeckte, dass das niemand (zumindest niemand mir Bekanntes) längst als tweet abgesetzt hatte.

Helene Hegemann, das abgestürzte Wunderkind der Berliner Literaturszene, bei dem schnell klar wurde, dass sie große Teile ihres Buches einfach abgeschrieben hat, ist ja per se eine Reizfigur. So habe ich bei FB auch Gruppen entdeckt, die schreiben, wo sie zuletzt gesehen wurde, damit man DA nicht hingeht. Naja. Für manche ist der schmale Grat zwischen lustig und schmerzhaft nicht so leicht zu bewältigen. Aber Günter Wallraff, das ewige Undercovermännchen, ins Spiel zu bringen und somit eine Copy-Meta-Ebene zu schaffen: Das ist schon ziemlich großes Gruppen-Kino. Ein alter Mann verkleidet sich als junges Mädchen und kopiert einen Roman zusammen. Weltklasse-Idee! Für mich ein absolutes Highlight der „Was-wäre-wenn"-Gruppen.

Überflüssige News-Floskeln

Netzwerk	Gründername	Mitglieder
Facebook	Axel Kreutz	939

Da muss man eigentlich fast nichts zu sagen, sondern nur einige der schönsten Klassiker zitieren, die diese Gruppe schon zusammengetragen hat:
„Experten schlagen Alarm."
„Ein Tor würde dem Spiel jetzt guttun."
„... auf den Prüfstand gestellt ..."
„Die Vorbereitungen laufen auf Hochtouren."
„Nicht schlecht staunte XY, als XY ..."
So könnte man noch ewig weitermachen und aus dem schier unendlichen Pool an klassischen TV-Füllsätzen schöpfen. Dabei ist die Frage ja eher: Warum tut man sich das überhaupt an? Warum muss man so was ertragen? Und wie sicher kann man selbst eigentlich sein, die Nachrichten von vorgestern nicht mit denen von gestern zu verwechseln, wenn eh nur die Namen aber nicht die Sätze ausgewechselt werden? Andererseits: Ist es nicht schön? Sind die Nachrichten nicht einer der letzten Horte der Sicherheit, wo man weiß, was man bekommt? Ich bin in dieser Frage unschlüssig und schalte zu unserem Experten nach Berlin. Herr Experte, können Sie mich hören?

IcH HaSsE Es WeNn LeUtE So ScHrEiBeN

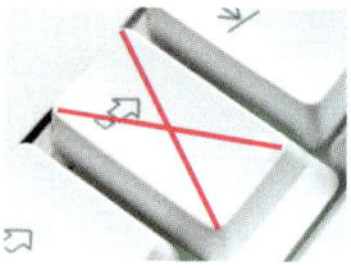

Netzwerk	Gründername	Mitglieder
Facebook	Patrick Garcia	11.259

Das Gruppenbild im Internet spricht Bände: Die durchgestrichene Hochstelltaste am Computer lässt die Freunde des Kleinschreibens erkennen – als solche versuchen sich die Gruppenmitglieder zumindest zu erklären. Aber nur Kleingeschriebenes lese ich auch nicht gerne. Jetzt haben wir schon diese anspruchsvolle deutsche Sprache als Muttersprache, da kann man doch auch alle Raffinessen des ordentlichen Klein- und Großschreibens ausreizen! Wenn natürlich ein ständiger, irrationaler Wechsel zwischen Groß- und Kleinbuchstaben überhandnimmt, ist das auch blöd. Reine Faulheit oder Schlampigkeit. Vor allem, wenn vor lauter Hektik das „DU" immer großgeschrieben wird und man sich immer noch direkter und mit Nachdruck angesprochen fühlt. Oder wenn zu viele Worte in Großbuchstaben hintereinander geschrieben sind – das ist dann so, als würde man ständig angebrüllt werden. ODER VIELLEICHT NICHT?!

Schimpfworte und Kraftausdrücke bereichern jedes Argument

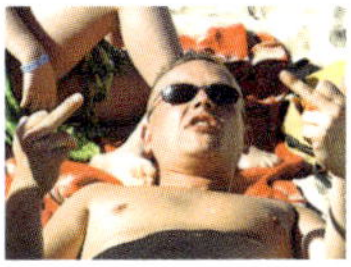

Netzwerk	Gründername	Mitglieder
Facebook	Wolfgang Frick	456

Ja scheiße noch mal, da is was dran, verdammt! „Für alle diejenigen, die gerne um ihren eigenen Standpunkt zu vertreten und ihre Argumente zu unterstreichen in die Fäkalsprache verfallen. Nein wir sind nicht blöd oder asozial, auch wenn es so klingt“, meint Herr Frick, der Gründer der Gruppe. Ich kann auch nicht verleugnen, dass es mir danach besser geht, wenn ich den Deppen, der mich im Club anrempelt, so richtig anschreie und ihn zumindest einen „Vollidioten“ nenne. Das ewige Neuerfinden von Schimpfwörtern wird ja schon fast zur Religion. Vor ein paar Jahren waren es die „Warmduscher“ und „Frauenversteher“, heute sind es die „Vollpfosten.“ Da kommt man mit der ShantiShanti-Masche aus dem Yoga-Kurs auch nicht mehr weit, das muss dann einfach raus! Hat mit asozial nix zu tun! Bevor man Amok läuft, lieber so!

GESTÄNDNISSE

I Actually Look Like My Facebook Picture!!!

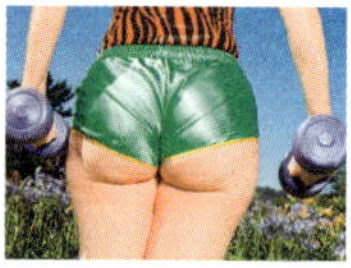

Netzwerk	Gründername	Mitglieder
Facebook	**Andrew J. Hillmann**	**256**

Ein Mann aus Amerika hat diese Gruppe gegründet, der offensichtlich all die Leute verabscheut, die Hunderte von Dollar ausgeben, um ein passables Profilbild für Facebook zu bekommen. Aber sind wir doch mal ehrlich: Es sieht doch tatsächlich kaum einer in echt so aus, wie auf den Poser-Facebook-Profilbildern … Wenn man als Single auf Partnersuche ist, könnte sich die Investition in ein ordentliches Foto auch erstmal lohnen. Die Ernüchterung kommt beim Partner dann eben wie beim Wonderbra erst etwas später: Busen zu klein, Schminke weg und die Frisur sitzt auch nicht mehr. Am Ende fährt man wahrscheinlich wirklich besser, wenn man ein authentisches Alltagsbild bei Facebook hochlädt. Komischerweise wird in dieser Gruppe gar nicht kommentiert. Immerhin: Die Bilder der Mitglieder wirken alle sehr, sehr natürlich.

Wenn ich nicht schlafen kann, höre ich Bob Ross beim Malen zu!

Netzwerk	Gründername	Mitglieder
StudiVZ	Stefan N.	1.203

Wer kennt das nicht: Der Tag war lang, es gab ne Menge zu tun und der Kopf will einfach nicht aufhören zu rattern. Es soll ja Menschen geben, bei denen das mit dem Schäfchenzählen noch funktioniert, aber die dürften wohl eher die Ausnahme sein. Vor allem ahnen die nicht, dass es noch etwas viel Wunderbareres gibt, um zu entspannen: den englischen Fernsehmaler Bob Ross. Magier mit dem Pinsel. Innerhalb weniger Augenblicke zaubert er komplette Bergpanoramen auf die Leinwand, ohne dass man so richtig mitbekommen hätte, wie er das gerade genau gemacht hat. Aber er macht das mit so einer in-sich-ruhenden, begeisterten, aber nicht euphorischen, leisen Stimmlage, dass man sich die Frage auch gar nicht mehr stellt. Man möchte nur zuhören, mit dem letzten wachen Auge noch zugucken und staunend einschlafen. Vielleicht um im Traum in einem seiner Bilder rumzulaufen.

Ja verdammt: Meine Eltern wohnen noch bei mir!

Netzwerk	Gründername	Mitglieder
StudiVZ	Timo Gans	39.652

Das muss man sich mal vorstellen: Sie dürfen einem Essen machen, man erlaubt ihnen, die Wäsche zu waschen, und gnädigerweise dürfen sie sich autoritär aufspielen, und was ist der Dank: Sie wollen einfach nicht verschwinden aus den Räumen, die sie einem zur Verfügung gestellt haben, seitdem man auf der Welt ist. Diese mangelnde Dankbarkeitsbereitschaft ist es wohl auch, die diesen Gruppengründer vorantreibt. Mal ehrlich: Was bilden sich die Damen und Herren Erzeuger eigentlich ein, das Haus so zu besetzen? Da Klagen vor Gericht in diesen Fällen aber bislang selten von Erfolg gekrönt waren, bleibt einem wohl nichts anderes übrig, als sie zu dulden. Und wer sich richtig Luft machen will, der tritt eben dieser Gruppe bei. Da ist man unter seinesgleichen und kann sich mal abreagieren von dem Stress, den man mit den lieben Eltern den ganzen Tag so hat. Ach, das wird schön, wenn sie endlich auf eigenen Beinen stehen.

Ich leiste meinen Pflanzen aktive Sterbehilfe

Netzwerk	Gründername	Mitglieder
Facebook	Simon Foppa	668

Da gibt es diese Geschichte von meinem Efeu auf dem Balkon. Ich gebe jeder Pflanze eine symbolische Bedeutung, ob das Sinn macht oder nicht. Besagter Efeu sollte das Wachsen und Gedeihen meiner Beziehung symbolisieren. Also bin ich jeden Tag hingegangen, habe den Efeu gegossen, gedüngt, mit den Blättern gesprochen, damit er ja wachse und gedeihe. Und was macht dieser doofe Efeu? Sterben! Einfach so, braune verwelkte Blätter überall. Dass meine Beziehung auch den Bach runtergegangen ist, könnt ihr euch ja vorstellen. Zusammen mit diesem traurigen Ereignis habe ich auch meinen grünen Daumen endgültig begraben, bringt ja alles nix. Ich kaufe kiloweise Dünger, wässere von unten nach, organisiere Nachbarschaftsdienst, wenn ich nicht da bin, und die blöden Dinger sterben mir trotzdem unter den Fingern weg. Da muss ich gar keine aktive Sterbehilfe mehr leisten, geht auch so. Zum Glück teile ich dieses düstere Schicksal mit vielen anderen Menschen – das tröstet.

Die todesmutigen Kettenbriefunterbrecher!

Netzwerk	Gründername	Mitglieder
StudiVZ	Henner N.	39.033

Ui! Das kenn ich sogar noch aus Zeiten VOR dem Internet! Da habe ich regelmäßig von Freundinnen aus meiner Klasse Briefe nach Hause geschickt bekommen, die natürlich immer anonym waren, durch geschicktes Nachfragen und eine Handschriftenanalyse des Umschlags aber schnell zugeordnet werden konnten. Und das waren immer so kopierte Zettel, mal mehr, mal weniger ausführlich. Und immer sollte man den Brief mindestens an fünf weitere Leute verschicken. Weil man dann immer Glück haben würde und reich würde etc. pp. Vielleicht ist mir dadurch eine Menge Geld durch die Lappen gegangen, aber ich habe es immer gewagt, die Kette zu durchbrechen. Ich fand das nämlich immer extremen Stuss. Nun: Durch E-Mails ist das nicht unbedingt weniger geworden. Und genau deshalb fühle ich mich in dieser Gruppe so wohl.

Ich stelle ein Minarett auf mein Hausdach

Netzwerk	Gründername	Mitglieder
Facebook	David Roth	13.216

Idioten gibt es überall. Da ist kein Land vor sicher. Umso schöner, wenn der Widerstand, der sich formiert, das auch noch mit Humor tut. Denn sind wir mal ehrlich: Der Schweizer Volksentscheid gegen die Minarette war unter anderem deshalb so erfolgreich, weil sich kaum normal denkende Menschen dafür engagiert haben und zur Abstimmung gegangen sind. Da hatten die Minarett-Gegner natürlich leichtes Spiel. Man traut seinen Mitmenschen ja auch nie zu, ideologisch so verblendet zu sein, einer anderen Religion als der eigenen ihre „Kirchen" nicht zu erlauben. Wie dem auch sei: Diese Gruppe hat sich kurz nach der Abstimmung formiert, und die Idee finde ich ja eigentlich ganz reizend. Ich meine, wie cool wäre das, wenn jetzt plötzlich in der Schweiz ganz viele Privatleute Mini-Minarette auf ihre Häuschen packen würden? Vermutlich wird nichts draus, denn der Schweizer an sich kann ja manchmal noch gemütlicher sein als der Deutsche. Aber schon die Vorstellung macht einen Riesenspaß.

In Unterwäsche abhängen und Geld zählen

Netzwerk	Gründername	Mitglieder
StudiVZ	Andreas K.	9.360

Diese Gruppe auf StudiVZ ist mir ein absolutes Rätsel. Vor allem dieses „abhängen" und warum Geld zählen? Was soll das? Als Hobby? Oder weil man schon so viel hat, dass sich das Anziehen auch nicht mehr lohnt? Möchte da jemand Hugh Hefner nacheifern (Wobei ich in dem Fall dringend Abzüge in der B-Note geben muss, denn Hefner verbringt den Tag in der Mansion im Morgenmantel, das hat schon deutlich mehr Style als in einer ollen Boxershort.)? Geht es darum, den letzten Groschen zusammenzukratzen? Oder um illegale Geschäfte? Und als wäre das alles nicht schon ominös genug, hat diese Gruppe ÜBER 9000 MITGLIEDER!!!!!!! Was ist denn da bitte schön los? Eine neue Jugendbewegung? Habe ich einen Trend verpasst? Machen wir einen Geldzähl-Flashmob im nächsten Schiesser-Store? Wie gesagt: Mysteriös. Vielleicht will man es aber auch gar nicht so genau wissen.

I visit museums!

Netzwerk	Gründername	Mitglieder
Facebook	Joelle Brewer Held	942

Vor ein paar Jahren gab es mal eine Kampagne (ich weiß nicht mehr genau von wem), die Kinder wieder mehr zum Lesen animieren sollte. Und ja: Das war in einer Zeit VOR Harry Potter. Auf jeden Fall war das Postermotiv, wenn ich mich recht entsinne, ein Bild von Janosch und drüber stand in dicken Lettern: Schockiere deine Eltern – Lies ein Buch!
Ich mochte das Poster immer gerne und fand es ausnahmsweise einmal sehr gelungen. Diesen „Hey Kids, lesen ist totaaaal cooool"-Plakaten wohnt ja sonst eher ein Zauber in Richtung: „Oh Gott, bloß nicht anfangen zu lesen, sonst werd ich so uncool wie die!" inne. Den hat besagtes Poster endlich mal löschen können. Nun, wie gesagt, nach dem Erfolg von dem kleinen Zauberer aus Hogwarts sieht das alles anders aus. Kinder lesen wieder und haben wieder Spaß am Lesen. Deswegen können wir das nächste Tabu brechen, die Gesellschaft schockieren und in Angst und Schrecken versetzen, indem wir uns diesen Gruppennamen ans Revers heften: Oh mein Gott! Er geht in ein Museum! So hilf uns doch jemand!

Ich hatte in der Schule nur Singen und Klatschen

Netzwerk	Gründername	Mitglieder
Lokalisten	cole_1	40

Eurythmie, das Schreckenswort der 80er Jahre! Mein Cousin hat es gehasst und ich hab mich immer gefragt, wie man seinen Namen tanzen kann. Aber ich hatte ja auch mehr als Singen und Klatschen in der Schule, ich hab nämlich auch noch Russisch gelernt ;-). Und so viel ich früher über die Waldorfschüler gelästert habe, so war ich doch auch immer ein bisschen neidisch, dass ich nicht mit den Fingern stricken konnte und keinen blassen Schimmer vom Filzen hatte. Die Gruppe bezieht sich aber sowieso eher auf das Fehlen in der Schule, zumindest wenn man die Kommentare liest, als auf Steiners Grundkonzept. Bei meinen Wissenslücken denke ich auch oft: Da war ich wohl gerade Kreide oder einen neuen Schwamm holen. Hauptsache, das Wichtigste bleibt hängen. Mein Opa hat immer gesagt, man muss nicht alles wissen, man muss nur wissen, wo's steht.

Disney hat mir unrealistische Vorstellungen von Liebe vermittelt

Netzwerk	Gründername	Mitglieder
Lokalisten	Natscholino	104

Oh Mann, davon kann ich aber auch ein Lied singen! Das ganze Geträller von romantischer Liebe, die ein Leben lang hält, für die gekämpft werden muss, die ganz ganz dolle wehtut und erst in der Erfüllung sich entfaltet? Geh mir weg mit dem ganzen Quatsch. Ich habe bei Bambi geheult und bei dem Indianer-Mädchen, das sich in den englischen Soldaten verliebt, ach ja Pocahontas war's, mitgefiebert und mitgezittert. Selbst Mogli verfällt am Schluss der Liebe zu einem Menschenmädchen und alle Tierfreundschaft ist dahin. Ja, das war alles unrealistisch. Gut, dass man es nun endlich kapiert hat. Ich geh wieder zurück in den Dschungel zu Balu und dem Panther – da weiß man wenigstens, was man hat.

Ich habe bei Rambo geweint

Netzwerk	Gründername	Mitglieder
Lokalisten	Gambowambo	16

Eigentlich ist Tom Gerhardt schuld. Der hat damit angefangen in den frühen 90ern. Da hat er diesen Proleten gespielt. Boah ey! Und der hat dann immer von Rambo erzählt. So, boah ey, Rambo ey, voll brutaaal ey und so. Und natürlich hat die Filmreihe damit schnell ihr Fett weggekriegt. Gut, wenn wir ehrlich sind, dann konnten sich für den zweiten und dritten Teil nur schlichtere Gemüter wirklich begeistern (Aus dem zweiten stammt ja der bekannte Dialog: „Was ist das?" „Blaues Licht." „Was macht das?" „Es leuchtet blau."). Aber reden wir doch mal über den ersten Rambo, „First Blood". Wer den aus Primitivitätssorgen nicht gesehen hat, der sollte das schnell nachholen! Ein Antikriegsfilm, vor allem bezogen auf den Vietnamkrieg, der „Apocalypse now" oder „Full Metal Jacket" in nichts nachsteht. Sehr dramatisch, fesselnd und mit einem bitteren Ende, bei dem man sich seiner (Männer-)Tränen nicht zu schämen braucht. Deswegen: Daumen hoch für diese Gruppe von Menschen, die noch nicht so abgebrüht sind.

Beziehungsstatus: Ich geh mit meiner Laterne ...

Netzwerk	Gründername	Mitglieder
Facebook	Julia Daucher	10.292

Ich muss ganz ehrlich sagen: Ich habe schon lange, sehr lange, und damit meine ich exorbitant lange, nicht mehr die Begrifflichkeit „mit jemandem gehen" benutzt. Das ist doch tatsächlich auch eher Jugendsprache, oder? Wann hört das eigentlich auf, dass man mit jemandem geht? Ab dem Moment, wo man keine Zettel mehr schreibt, die die Angebetete bitten anzukreuzen, ob sie mit einem zusammen sein möchte? Und warum zum Teufel hört man damit eigentlich auf? Ist das nicht viel praktischer, ja pragmatischer? Als „Erwachsener" muss man alles zerreden, stundenlang drüber quatschen, drüber nachdenken, sich seine Gedanken machen, erstmal über einiges klar werden, mal für sich sein, sich verlieben können, frei sein, offen sein, bis man vielleicht mal ansatzweise versucht, so etwas wie eine Beziehung zu führen, natürlich ohne das dann auch so zu nennen. Als Jugendlicher ist man da unbeschwerter: Willst du mit mir gehen? Ja, nein, vielleicht. Zack bumm peng, alles klar. Und wenn es nur die Laterne ist.

Meine Nachbarn hören gute Musik, ob sie wollen oder nicht.

Netzwerk	Gründername	Mitglieder
Facebook	Marcus Schuh	38.729

Ich tue der Gesellschaft einen Gefallen, denn ich habe das Glück, mit einem überdurchschnittlich guten Musikgeschmack gesegnet zu sein. Ich höre alles außer Reggae. Und warum sollte ich der Welt dann nicht das geben, was sie braucht? Jemanden, der sie an die Hand nimmt und durch die verwirrende Welt des musikalischen Angebots führt. Ich höre doch, was meine Nachbarn für langweilige Musik konsumieren. Da bin ich ihre Rettung! Der eine zum Beispiel, der hat eine Vorliebe für Phil Collins. Nicht schlimm, kann ja passieren. Ich erlaube mir einfach, sein Spektrum durch so interessante Sachen wie System of a down oder Rage against the Machine zu erweitern. Meine Alanis Morissette und Pur hörende Nachbarin? Kommt seit Neuestem auch in den Genuss von Jay-Z oder Killa Instinct. Und der kleine Bushido-Fan über mir, der hört jetzt regelmäßig Dave Brubeck oder Keith Jarrett. Ja, ich bin das musikalische Brain dieses Hauses. Das einzige, was stört, sind die regelmäßigen Polizeibesuche, wenn ich wieder musikalische Erziehung betreibe. Irgendwer hat mich da falsch verstanden.

Am Volksfest fahre ich am liebsten Bierzelt! :-)

Netzwerk	Gründername	Mitglieder
Facebook	Daniela Greiner	8.237

Ich weiß noch, wie ich vor einigen Jahren in München gewohnt hab und mein Mitbewohner und ich wahnsinnig große Wiesn-Fans, also Oktoberfestfreunde, waren. Ich bin schon immer gerne auf Volksfeste gegangen, weil ich auch die Fahrgeschäfte so toll fand und es immer was zu entdecken gab. Deswegen war ich meistens vor allen anderen auf der Theresienwiese, am frühen Mittag unter der Woche, wenn noch nicht viel los war. Und da hab ich mir dann alles angeguckt: Mystery-Tunnel, Zaubershows oder auch den in München legendären „Schichtl", eine Show, bei der immer einer aus dem Publikum enthauptet wird. Danach war es aber immer höchste Zeit fürs Bierzelt, ist doch klar. Dafür war man ja schließlich auch da. Übrigens: Ein großer Spaß war es, regelmäßig nach dem Schließen der Bierzelte (oder dem Nicht-mehr-können) noch aufs Teufelsrad zu gehen, das wunderbarste Spektakel der Wiesn. Was ich sagen will: Auf den Mix kommt es an. Wer nur zum Trinken auf die Kirmes geht, der hat irgendwas falsch gemacht. Auch wenn einem danach genauso schwindelig ist wie nach der Achterbahn.

Ich schmeiße auch nach 20.00 Uhr Altglas ein. Ha!

Netzwerk	Gründername	Mitglieder
Lokalisten	Axlander	4

Heimliche Verweigerung ist die Rache des kleinen Mannes. Bisschen peinlich, aber absolut verständlich. Wenn man sich wenigstens einen klitzekleinen Teil seiner anarchischen Ader bewahren will, muss man im Kleinen operieren. Mal schwarzfahren, mal Blumen vom Friedhof klauen und NATÜRLICH früh-morgens und nach 20 Uhr voll den Lärm im Hinterhof machen. Am besten klingt es, wenn man die Flaschen mit Schmackes in die Tonne wirft, so dass sie am Tonnenende so richtig schön zerscheppern. Nur dann macht's richtig Spaß! Wer sie nur sanft auf die oberen Flaschen drauflegt, ist ein Weichei. Zumindest ein Fenster muss geknallt werden und ein pampiges „Ruhe im Hof!" ist natürlich die Kür. Wenn man das mal an nem Sonntagmorgen schafft, ist die Welt doch wieder in Ordnung.

Ich drücke fester auf die Fernbedienung, wenn die Batterie leer ist

Netzwerk	Gründername	Mitglieder
Lokalisten	_little_	107

Da erkenne ich mich nur zu gut drin wieder. Mir geht's auch immer so, wenn die Fernbedienung anfängt zu schwächeln. Ich fange an, blöd an ihr herumzuwackeln, zu drücken und die Batteriefach-Abdeckung feste anzudrücken, weil ich mich weigere zu akzeptieren, dass die Batterien leer sind. Was für eine Action würde das bitte bedeuten? Rausnehmen, in den dafür vorgesehenen Entsorgungskarton im Supermarkt stecken, neue besorgen, Akku oder nicht Akku? Die teuren oder die ganz billigen? Wieder richtig herum einlegen, und dann? Drückt man immer noch feste drauf, aus reiner Gewohnheit ...

Ich beschimpfe Dinge, wenn sie nicht das tun, was ich will!

Netzwerk	Gründername	Mitglieder
Facebook	Raffaela Kalkbrenner	11.274

Du verdammter beschissener Computer! Lad mir jetzt endlich die Seite! Und du brauchst gar nicht so hämisch zu lachen, verkackter Wasserkocher, du sollst das Wasser heiß machen! Sonst schmeiß ich dich weg, das hast du dann davon! Was? Natürlich bin ich da eben nach rechts gesprungen! Was soll das, du verfluchter Joypad? Das Auto springt nicht an, die Bahn fährt nicht ab, die Ampel wird nicht grün, der iPod ist alle, die Glühbirne ist kaputt, die Zeitung klebt von der Shampooprobe, das Shampoo ist alle, der Fernseher funktioniert nicht richtig, die Fahrradkette springt ab, das Handy hat keinen Empfang, alle Feuerzeuge in der Wohnung sind kaputt. Ich könnte ewig so weitermachen. Was liegt näher, als all diesen Dingen, die einem das Leben erleichtern sollen und es dennoch so schwer machen, mal ordentlich die Leviten zu lesen? Und von der Erleichterung und dem Stressabbau einmal abgesehen, hat das Ganze noch einen Vorteil: So ist man zu Hause niemals allein.

Ich teile heimlich durch Null

Netzwerk	Gründername	Mitglieder
StudiVZ	Felix Kulick	52.740

Mathematik. Das Wort allein jagt so manchem schon einen gehörigen Schauer über den Rücken. Dabei ist es ja so: Wenn man einmal ein Wirkungsprinzip einer Aufgabe verstanden hat, dann ist plötzlich alles total logisch und, auch das muss gesagt werden, macht mitunter sogar Spaß. Aber eigentlich ist es ein Horrorfach und natürlich braucht nur ein Bruchteil der Schüler später irgendeinen Sinus-Quark oder den Satz des Pythagoras. Mathematik ist aber nicht nur in manchen Teilen alltagsfremd, sondern auch noch autoritär überheblich. Diese ganzen Regeln und Sätze, die sind wie in Stein gemeißelt und dürfen nicht angezweifelt werden. Wie schön, dass es Untergrundbewegungen gibt, die sich in solchen Gruppen treffen und heimlich ihrer Lust nachgeben, mit diebischer Freude in dunklen Kellergewölben alle Zahlen, die ihnen einfallen, durch Null zu teilen. Als wenn es keine Regeln gäbe! Und niemand kann sie daran hindern! Das sind für mich die wahren Guerillas. Das hat Potenzial für eine Weltrevolution!

Ich klicke sinnlos auf „Startseite", obwohl ich schon auf der Startseite bin

Netzwerk	Gründername	Mitglieder
Facebook	Alessio Little-a	13.965

Na klar, hauptsächlich gehe ich in Gruppen, die von einer komplett bescheuerten Tätigkeit handeln, bei der ich trotzdem laut aufschreie: „Ich auch!", wenn ich sie entdecke. So auch hier. Aus Langeweile hat man ja oft so eine Art Klick-Tourette. Man muss zwar nicht, will aber unbedingt was klicken. Und da so etwas oft auf Plattformen wie Facebook vorkommt, wo es keine längeren Texte zu lesen gibt, klickt man eben auf den Startseite-Button. In der Hoffnung, dass doch irgendwas passiert. Es gibt auch noch andere sinnvolle Beschäftigungen am PC: zum Beispiel das sinnlose Quadrateziehen auf dem Desktop. Das ist aber auch toll! Ich muss nur drücken und ziehen und kann Rechtecke in allen möglichen Größenverhältnissen darstellen! Das wäre doch früher undenkbar gewesen! Die ganz Schlauen nutzen diese Zeit konstruktiv, wie sie meinen, indem sie Hausaufgaben oder die Hausarbeit erledigen. Ohne unsere Zen-Techniken zur absoluten inneren Ruhe erkannt zu haben. Denn nur wir Startseitedrücker/Kästchenzieher ruhen wirklich in uns selbst. Ommm ...

Ich wurde geblitzt! Na und, gute Fotos haben ihren Preis!

Netzwerk	Gründername	Mitglieder
Lokalisten	havana89	59

Bei dieser Gruppe bleibt mir das Lachen etwas im Halse stecken, denn ich kann langsam eine eigene Ausstellung mit meinen Radarbildern machen. Und ich sehe nicht wirklich gut aus auf diesen Bildern. Egal, Kunst hat nichts mit Ästhetik zu tun, oder? Ein befreundeter Künstler hat aber tatsächlich was draus gemacht. Er hat einen riesigen Rahmen voller UNGEÖFFNETER Briefe von der Berliner Verkehrsbehörde gefüllt, und das Ganze dann für schlappe 3000 Euro verkauft – das finde ich wirklich mal eine clevere Umverteilung von Kapital! Leider nicht mehr neu die Idee, blöd! Mit meinen Bildern kann ich nicht mal einen Blumentopf gewinnen: Auf den meisten kann man mich eh nicht wirklich erkennen, weil der Rückspiegel oder das Telefon im Weg sind. Da wird dann aus der Ein-Personen-Ausstellung schnell mal ein Familien-Porträt, denn diese Bilder zeigen in dem Fall natürlich meinen Bruder, meine Schwester oder meine Mutter – sonst hätte ich meinen Lappen schon längst weg.

Ich hasse Leute, die frei haben, wenn ich nicht frei habe

Netzwerk	Gründername	Mitglieder
StudiVZ	Магдалена Бершльв	52

Neid ist selten gut, aber als Triebfeder zum Erfinden von Gruppennamen ein perfekter Begleiter. So wie hier: Feiertage sind ja dummerweise recht unregelmäßig übers Land verteilt. Während in Bayern schon ein 5-tägiges Fest gefeiert wird zu Ehren des Heiligen der Kaninchenzüchter, so hat man im protestantischen Berlin das Gefühl chronisch unterversorgt zu sein mit Feiertagen. Daher gibt es regelmäßig lautes Aufstöhnen in deutschen Büros, wenn jemand eine Information braucht, der Kollege aus München aber per Anrufbeantworter wissen lässt, erst in vier Tagen wieder im Büro zu sein. Und so etwas setzt natürlich Wut frei. Denn diejenigen, die nicht arbeiten müssen, sind doch irgendwie auch richtig schadenfroh: die Art, wie sie die Ansage aufsprechen, der Ton ihrer Abwesenheitsmail … Seien wir ehrlich: Diejenigen, die frei haben, während wir arbeiten müssen, können gar nichts richtig machen. Die sind immer doof. Könnten doch wenigstens aus Solidarität arbeiten, aber nein, dafür sind sie sich natürlich zu fein. Bäh!

Ich habe ein Motivationsproblem, bis ich ein Zeitproblem habe

Netzwerk	Gründername	Mitglieder
Facebook	Hatte wohl ein Motivationsproblem, in der Gruppe zu bleiben	38.621

Wie oft habe ich schon meine Unfähigkeit verflucht, mir die Zeit einzuteilen. Ich kriege es einfach nicht hin. Nehmen wir an, ich habe zwölf Wochen, um einen längeren Text zu schreiben, zum Beispiel eine Arbeit über mongolische Ziegenzüchter. Ich werde erstmal ein bisschen Zeit mit anderen Aufgaben verbringen. Zehn Wochen vor Abgabe werde ich denken: „So, jetzt fang ich mal mit der Arbeit an." und die Begriffe googeln. Dabei werde ich natürlich von Facebook und anderen Zeitfressern so abgelenkt, dass ich denke: „Ach, noch zehn Wochen! Erstmal dieser lustigen Gruppe beitreten ...". Neun Wochen und sechs Tage später: Morgen ist Abgabe. Vormittags denke ich nervös an die Abgabe am nächsten Tag. Gehe noch im Geiste durch, wie man den Abgabetermin nach hinten verzögern kann. Wenn das nichts hilft, dann muss ich wohl: Der Abend kommt und ich setze mich hin und schreibe. Marathon. Was soll ich sagen? Ich werde on time fertig sein. Schrecklich, aber ohne wirklichen Zeitdruck funktioniere ich nicht.

Manche sagen, ich sei bekloppt, ich find mich verhaltensoriginell

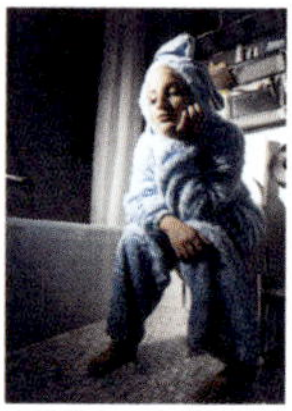

Netzwerk	Gründername	Mitglieder
StudiVZ	Kathrin Büchele	54.868

Viele Menschen finden ja die unterschiedlichsten Ausreden dafür, dass sie einen an der Waffel haben. Lustigerweise haben übrigens die Menschen, die von sich sagen, total verrückt zu sein, am allerwenigsten einen Sprung in der Schüssel, sondern leben nur einen spießigen Entwurf dessen, was sie für verrückt halten. In dieser Gruppe geht es aber darum, wie die Gesellschaft einen einordnet, und da spielt Sprache natürlich eine große Rolle. So wie Hausmeister sich heutzutage „Facility Manager" nennen dürfen, so findet man für gängige, aber eben auch negative Bezeichnungen wie „bekloppt" mit etwas Fantasie auch treffendere, euphemistischere Begriffe. Wie eben „verhaltensoriginell". Das klingt gleich ganz anders. Nach Kreativität, nach Einmaligkeit. Nach dem ganz besonderen Etwas. Und unter diesen Umständen ließen sich wohl viele gerne bekloppt nennen. Wenn man es eben so ausdrückt.

Ich bin nicht sauer, ich bin ENTTÄUSCHT

Netzwerk	Gründername	Mitglieder
Facebook	Ele Wild	12.511

Ganz böse, dieser Satz, und gleichzeitig so vernichtend. Darauf kann man nicht mehr viel sagen, da werden Taten abverlangt. Beim Sauersein kann man noch etwas Gras über die Sache wachsen lassen und abwarten, aber Enttäuschtsein schreit nach Schmerz und Trauer. Und nach einer längerfristigen Angelegenheit. Aber irgendwie ist dieser Satz auch Koketterie. Mein Gott, man muss nicht immer gleich alles so vernichtend enttäuschend sehen. Wenn jemand enttäuscht von einem ist, hat das gleichzeitig etwas Erniedrigendes und Demütigendes. Dieses Druckmittel wird auch gerne mal von Lehrern eingesetzt, die durch gezieltes Lancieren von Schuldgefühlen die Schüler zum Lernen und Gehorchen bringen wollen. „Silke, ich bin enttäuscht, bei deinem Intellekt hätte mehr als ne 4 drin sein müssen!" Oh Mann?! Kann der nicht einfach nur sauer sein, dass ich schon wieder nicht gelernt habe? Dann kann ich das mit der bewährten „Da rein, Da raus"-Methode abhaken und muss mich nicht weiter für meine Faulheit schämen.

Wenn man mir früh genug Bescheid sagt, bin ich auch spontan.

Netzwerk	Gründername	Mitglieder
Facebook	–	39 gefällt das

Ach, ihr seid also alle verrückt und spontan, ja? Morgens schnell den Flieger nach Barcelona buchen und locker am Beach abhängen, im Sprachführer blättern und n Eis futtern? Pah, dass ich nicht lache! Wir alle haben Termine, Verpflichtungen, Alltagsschrott und iPhones, die ständig klingeln, da ist es mit der Spontaneität nicht mehr weit her. Ich bin schon überfordert, wenn das spontane Angrillen von einem Park in den anderen verlegt wird! Was haben wir eigentlich damals ohne Handys gemacht? Da konnte man doch gar nicht spontan agieren, es sei denn, es stand einfach mal jemand so vor der Tür und sagte: „Los komm jetzt, wir gehen schwimmen!" Wäre heute undenkbar, oder? Da müsste man mir mindestens einen Tag vorher Bescheid sagen, dann könnte ich mich spontan entschließen mitzukommen. Und das wär dann auch schon ganz schön Rock'n Roll.

Hilfe – mein Freund ist bei der Bundeswehr!!

Netzwerk	Gründername	Mitglieder
StudiVZ	Anna Jahn	320

Die Bundeswehr, eine eher nutzlose Einrichtung, die gerade eh ein bisschen auf der Kippe steht (zumindest, als ich diese Zeilen schreibe ...). Ich wurde zum Glück nie eingezogen und hätte da sicher keinen Spaß gehabt. Natürlich möchte ich anderen Leuten, denen das gefällt, ihren Spaß nicht absprechen. Nun bin ich aber über diese Gruppe gestolpert und das ist natürlich ein weiteres Argument gegen den Bund: die Ladys! Jungs, das sollte man gerade mit 18, 19, 20 wissen, dass man Mädels nicht alleine zu Hause sitzen lässt. Das gehört sich einfach nicht. Und es ist auch gefährlich. Denn dann gründen sie solche Gruppen wie hier. Und dann können die Single-Jungs, die zum Beispiel Zivi machen, mal gucken, wo es Strohwitwen gibt. Und diese jungen Mädels, die haben Bedürfnisse – nach Nähe, nach jemandem, der ihnen zuhört. Also überlegt euch das lieber noch mal mit dem Spieß und dem Spind und dem ganzen Zeug: Es hat eigentlich fast nur Nachteile ...

FEIEREI

Wer ist eigentlich dieser LAN und warum macht er so viele Partys?

Netzwerk	Gründername	Mitglieder
Facebook	–	258 gefällt das

Leider hat noch keiner der über 200 Mitglieder was auf die Pinnwand gepostet, schade eigentlich. Auch wieder so eine Gruppe, die nur durch ihren Titel überzeugt. Ich war ehrlich gesagt noch nie auf einer LAN-Party, kann mir aber denken, dass da nur so Computerfreaks abhängen, die sich gegenseitig die Rechner hacken und nächtelang Red Bull trinken. Oder ist das nicht bereits ein Relikt aus den 00-er Jahren? Macht man LAN-Partys heute wirklich noch? Oder sitzen die nicht schon alle mit ihren iPhones in schicken Bars rum und posten Bilder auf ihre Facebook-Profile? Gibt es eigentlich schon Facebook-Status-Partys? Ich glaub, ich muss schnell ne neue Gruppe gründen ...

Ich komm normal aus'm Pimpernel, da tritt mir jemand auf die Hand.

Netzwerk	Gründername	Mitglieder
Facebook	Janine Heese	686

Kurzgeschichten sind manchmal echt schön, manchmal auch totaler Schrott. Seit Twitter gibt es ja auch Versuche, Kurzgeschichten in 140 Zeichen zu erzählen, ohne anzuerkennen, dass die beste kürzeste Kurzgeschichte von Hemingway stammt („For sale: Baby shoes, never worn."). Aber es gibt sie, diese Ein-Satz-Erzählungen, die so herrlich viel Interpretationsspielraum lassen. So wie hier. Das „Pimpernel" ist eine Münchener Nacht-Legende, einer der Läden, die noch spätnachts aufhaben (und wo man dann sogar noch Schinkennudeln bekommt). Da trifft sich alles, was von der Nacht übrig bleibt. Und solche Orte sind es ja meistens, in denen das Unmögliche passiert, in denen die komischsten Geschichten stattfinden und man die merkwürdigsten Leute kennenlernt. Da sollte die Tatsache, dass einem jemand beim Rauskommen auf die Hand tritt, noch die „gewöhnlichste" sein, denn, mal ehrlich: Aus solchen Läden kann man nur kriechen. Wenn der Gruppengründer allerdings gestanden hat dabei, dann Chapeau für den unbekannten Treter.

Warum ist immer da, wo ich in der Disco stehe der Durchgang!?!?!

Netzwerk	Gründername	Mitglieder
StudiVZ	Michael H.	33.231

Es gibt ja diese Tage. Man steht im Club oder auf nem Konzert, um einen herum mindestens ein Meter Platz, weil niemand neben einem steht. Man geht ein bisschen näher zur Menge, um zu demonstrieren, dass man interessiert zuguckt. Und während dadurch hinter einem der Platz auf eineinhalb Meter anwächst, wird garantiert jeder, der vorbeikommt, versuchen, sich durch den halben Meter vor einem zu drängeln. Als wäre man nicht da. Ich bin dann eher der passiv-aggressive Typ und stelle mich noch näher an die Vorderen, damit auch keiner mehr durchpasst. Andere versperren einem extra den Weg und fauchen einen noch an. Aber egal wie man es macht: Es gibt diese Tage, da zieht man sie an – die Menschen, die mal vorbeimüssen. Und ich würde gerne mal wissen, woran das liegt. Pheromone vielleicht? Vielleicht strahlt man einen Geruch aus, der die Menschen quasi dazu zwingt, an einem vorbeizumüssen? Hey Wissenschaft! Kümmere dich mal bitte darum! Wen interessieren schon Raketen?!

Wer tanzt, hat bloß kein Geld zum Saufen

Netzwerk	Gründername	Mitglieder
Facebook	Perathoner Lorenz	2.406

Sehr auffällig bei dieser Art Gruppe ist, dass es immer direkt ein T-Shirt dazu gibt. Steckt da ein großer Merchandise-Händler dahinter? Oder machen es sich die Gruppengründer tatsächlich zur Aufgabe, ihre Message über alle Kanäle zu promoten? Wie bekommt man sonst so viele Mitglieder zusammen? Wenn die alle immer im Club tanzen, anstatt zu saufen, frage ich mich, wie sich die Diskotheken überhaupt noch halten können? Und macht das viele Tanzen nicht auch durstig? Oder trinken die alle heimlich auf dem Klo ihre vier Liter Wasser am Abend weg? Auf der anderen Seite kommen die Partygäste doch eh erst in Schwung, wenn die ersten zehn Gin Tonics getrunken sind.

Mein Filmriss war länger als Deine Party

Netzwerk	Gründername	Mitglieder
Lokalisten	weisser_Pele	301

Diese Partyfanseiten nehmen vor allem bei den Lokalisten echt überhand, ob man nun die Hose wieder anziehen muss, weil die Party scheiße ist, oder so viel gesoffen hat, dass man nicht mehr weiß, wo der Rum im Stroh herumliegt oder, wie hier in diesem Fall, einen Filmriss hat, der die stolze Länge einer ganzen Party übertrifft. Fragt sich nur, wie lange die Party so dauert. Der Gruppengründer untertextet seine Gruppe so: „Ihr wart gestern weg ... Ihr hattet riesen Spaß ... nur mit wem und vor allen Dingen: WO? Wenn es Euch so oder so ähnlich geht, ist diese Gruppe genau das richtige für Euch!!!" Äh, mir ist es noch nie so gegangen und ganz ehrlich glaub ich auch nicht daran, dass es viele Leute gibt, denen so was öfter passiert – die Kommentare lassen jedenfalls nicht darauf schließen.

SCHEISS PARTY (Wenn ich meine Hose finde, verschwinde ich)

Netzwerk	Gründername	Mitglieder
Lokalisten	MadameGrimm	106

„Da gibt's nicht viel zu sagen, nicht jeder kann viel Alk vertragen", so der Untertitel dieser Fanpage bei den Lokalisten. Wieder so eine Saufgruppe, die an „Ferris macht blau auf Ecstasy" erinnert. Auch hier muss der Gruppengründer erst mal erklärende Worte finden: „Dies ist die Gruppe für alle Fans von feuchtfröhlichen Abenden! Wer kennt das nicht: Man begibt sich auf eine völlig aus dem Ruder gelaufene Party und stellt hinterher fest, dass man einen lustigen Filmriss hat! Peinliche Geschichten über den Abend sind dann natürlich garantiert!" – So, jetzt war ich aber gespannt auf die tollen Geschichten der Mitglieder. Was war? Nix, Fehlanzeige, außer Andeutungen von „Busgeschichten" und Weinfest-Aktionen. Es werden leider keine delikaten Details ausgeplaudert – schade ... Was sich hinter der „Kotztüten"-Geschichte verbirgt, konnte ich mir gerade noch so selber denken.

Wenn ich betrunken bin, schreibt mein Handy komische SMS ;-)

Netzwerk	Gründername	Mitglieder
Lokalisten	carmen-89-	203

Die Hemmschwelle beim SMS-Tippen sinkt unter Alkoholeinfluss ganz gewaltig, das musste ich auch schon mal schmerzlich am eigenen Leib erfahren. Wenn alle Freundinnen davon abraten („Lass ihn zappeln", „Make yourself rare") und man dann doch nach dem dritten Rotweinglas mit zittrigen Fingern schreibt „Ich denk an dich" und die ganze Nacht nicht schlafen kann, weil man auf eine Antwort wartet. Was bleibt, ist ein dicker Schädel am nächsten Tag und die Verwunderung über die komischen Zeilen, die man am Vorabend verfasst hat. Ein Gruppenmitglied berichtet von einem Klassiker: „Ich schrieb damals einer Freundin (Alex) eine SMS mit folgendem Inhalt: ‚Hey Maus, bin bei ihm zu Hause, er hat n komischen Möbelgeschmack und von Büchern keine Ahnung und n Foto von seiner Ex umgedreht, aber mal schauen, was wir vom Abend noch retten können, erzähl dir morgen natürlich alle Einzelheiten!'"
Blöd war nur, dass sie die SMS an den Typen geschrieben hatte, bei dem sie gerade war, der hieß nämlich auch Alex ... Das ist uns doch allen schon mal passiert, oder?

Wo zur Hölle war ich gestern??? – Aaaaaaah, ein Stempel!!!

Netzwerk	Gründername	Mitglieder
Facebook	**Sebastian Ulbel**	**11.837**

Wer jemals einen Filmriss hatte, der weiß um die Detektivarbeit, die kurz nach dem Aufwachen einsetzt: Wo war ich gestern Abend noch? Was ist alles passiert? Ein Blick auf die Hand kann erste Anhaltspunkte geben: die Stempel. Leider haben die wenigsten Läden Stempel, die den Namen der Location zeigen. Meistens steht auf der Haut einfach „Erledigt", „Luftpost", „Bezahlt" oder ein Glücksbärchi. Aber: Wenn einem der Stempel nicht mal bekannt vorkommt, dann weiß man, dass man irgendwo gewesen sein muss, wo man noch nicht war. Oder wo sie einen neuen Stempel haben. Der nächste logische Schritt ist es also, die Freunde anzurufen, um mehr zu erfahren. Die erzählen einem dann, man habe auf der Theke getanzt, Schnapswetttrinken mit dem Barkeeper gemacht und den Türsteher beleidigt, der einen rausgeschmissen habe. Am spaßigsten ist es aber, dieses „Guuäähh … brrbl … warumbissuschonwach?" neben einem zu hören, wenn am anderen Ende der Leitung der Freund fragt, wie es noch mit diesem Mädchen gelaufen ist. Holy Filmriss.

Hilfe, mein Fahrrad ist betrunken!!!

Netzwerk	Gründername	Mitglieder
StudiVZ	Katha Broistedt	3.552

Es eiert und will einfach nicht die Spur halten, ist das nicht total komisch? Ja, wenn ich es Ihnen doch sage, Herr Polizist! Ich war heute Abend bei Freunden, wir haben uns unterhalten über dies und das ... Und dann verabschiede ich mich von dieser höchstgeistigen Runde, setze mich auf meinen Drahtesel, und dann das! Keine gerade Linie zu fahren! Das ist doch Wahnsinn. Nein, Sie brauchen mich nicht in das Röhrchen blasen zu lassen, Herr Wachtmeister. Nehmen Sie lieber eine Probe von meinem Rad. Ich glaube, es war zwischenzeitlich drüben im Kiosk oder, noch schlimmer, jemand hat ihm was eingeflößt! Das ist doch Misshandlung eines Fahrrads. Da möchte ich gleich Anzeige gegen unbekannt aufgeben! Wie bitte? Blutabnahme? Bei mir? Ich habe Ihnen doch erklärt, das Rad hat gebechert und ich habe ... Hey, nehmen Sie die Handschellen da weg! Wenn ich es Ihnen doch sage! Das Rad ist betrunken, nicht ich! Hallo? Freiheitsberaubung! Hilf mir, Rädchen! Hicks!

„Das Beste am Feiern ist der Burger danach!"

Netzwerk	Gründername	Mitglieder
StudiVZ	Flo Z..	1.504

Es gibt sicher biologische Gründe dafür, dass fettiges Essen betrunken am allerbesten schmeckt. Mit leichtem Tinnitus von der Party in der Burgerbude sitzen und in den fettig triefenden Fleischklops beißen: Das sind die seltenen Momente, in denen man weiß, warum „essen" so oft mit „Himmel" assoziiert wird. Allerdings, dies sei als Tipp an dieser Stelle in aller Deutlichkeit aufgeschrieben: Immer lieber essen gehen! Oder Essen holen! Ich erinnere mich an meine WG in München … Immer wenn ich nachts mit meinem Mitbewohner vom Weinfest beim Griechen nach Hause kam, führte unser Weg in die Küche und dann wurde so ziemlich alles, was sich fand, in die Pfanne geworfen und auf den Herd gestellt. Das ging auch meistens gut. Aber bei Nudeln ... Dieses Nudelwasser vergisst man dann doch mal gerne auf dem Herd. Wie gut, dass irgendwann immer ein Mitbewohner doch noch mal in die Küche ging und sich über die Hitze wunderte. Deswegen: Schön noch nen Burger holen und alles ist und bleibt gut.

Polnischer Abgang

Netzwerk	Gründername	Mitglieder
Facebook	–	**40.509 gefällt das**

Schön ist die Kategorisierung der Gruppe: Veranstaltungsplanungsdienst. Da hat der Fanpage-Gründer aber lange suchen müssen im Facebook-Gewirr. Ich finde ja, der „polnische Abgang" ist eine der besten Erfindungen der letzten Jahre aus partypolitischer Sicht. „Polnischer Abgang" heißt einfach so zu gehen, ohne irgendjemandem Bescheid zu geben oder gar jemandem die Hand zu schütteln. Diese Art der Verabschiedung ist immer noch am ehrlichsten und am wenigsten störend. Bevor man alle groß in den Arm nimmt und sich Bussi-Bussi-mäßig verabschiedet, ist es doch für alle Beteiligten angenehmer, einfach den Polnischen zu machen. Denn fängt einer mal an zu gehen, machen es alle nach und der Gastgeber steht am Ende alleine da. Ist doch doof, deshalb hier noch mal die goldenen Regeln des polnischen Abgangs zusammengefasst: „1. Verhalte dich unauffällig, 2. Kein schlechtes Gewissen, 3. Weihe niemanden ein (ein angekündigter polnischer Abgang = tschechischer Abgang), 4. Nutze den Moment, 5. Dreh dich nicht um, 6. Handy aus."

ESSEN & TRINKEN

Rettet die Erde!
Sie ist der einzige Planet
mit Schokolade!

Netzwerk	Gründername	Mitglieder
StudiVZ	Timo M.	45.573

Es gibt viele Gründe, das Leben, die Welt auf der wir sind, die Zeit in der wir sind, gut zu finden oder sogar zu lieben. Es gibt ebenso viele Gründe, unsere ganze Existenz zu verurteilen, zu verfluchen und darüber zu kotzen, wie viel die Menschen eigentlich kaputt machen mit ihrem Fortschritt. Und dann kann man über Schokolade nachdenken. Und Schokolade ist so ziemlich das Genialste, was von Menschenhand erschaffen wurde, wenn man genau überlegt. Die Erfinder und Entdecker von Schokolade sollten posthum den Nobelpreis für Wissenschaft, für Frieden, ach einfach für alles verliehen bekommen. Man denke nur an die Genialität, wenn man ein Stück Schokolade in den Mund nimmt und auf der Zunge zerschmelzen lässt. Hach. Da bekommt man sofort wieder Appetit. So viel Genuss, das kann einzig und allein Schokolade. Somit haben wir es hier mit einem der ersten, wirklich sinnvollen Weltrettungsappelle zu tun. Denn wenn wir diesen Planeten nicht für Schokolade retten, wofür dann?

Als ich jung war, hieß das Happy Meal noch Juniortüte

Netzwerk	Gründername	Mitglieder
StudiVZ	Andrea Hansen	88.907

Ich stamme aus einer Generation, für die es etwas Besonderes war, zu McDonald's zu gehen. Es gab nicht so viele, nur in größeren Städten, und für mich war es wie Geburtstag und Weihnachten zusammen, wenn wir mal zu einem gingen. Und dann, als ich so etwa sieben oder acht war, kam der genialste Coup: Ein Menü extra für Kinder! Das fand sogar meine Mutter großartig. Die Juniortüte war da. Immer mit einem kleinen Spielzeug und kleinen Rätseln auf die weiße Tüte gedruckt. Das war jedes Mal ein Fest. Wenn wir im Ausland beim Mäckes waren, gab es da schon das Happy Meal in dem kleinen Pappköfferchen, und das fand ich dann natürlich noch besser. Aber heute, wenn ich mit meiner kleinen Tochter mal zu McDo gehe – ausnahmsweise – dann frage ich sie jedes Mal, ob sie wieder eine Juniortüte will, und sie antwortet immer: „Papa, das heißt doch Happy Meal!". Tut mir leid, aber an den Namen werd ich mich nie gewöhnen.

Es gibt nur eine Sache, die geiler ist als ich: NUTELLA!!!

Netzwerk	Gründername	Mitglieder
StudiVZ	Hanni H.	228

Ich bin schon ziemlich heiß, wirklich. Aber ich muss neidlos zugeben: Ein paar Dinge sind noch geiler als ich. Und dazu gehört definitiv die beliebte Nuss-Nougat-Creme. Dieser perfekt ausbalancierte Geschmack zwischen Schokolade und irgendeinem im Labor erfundenen Aroma hat schon Generationen in seinen Bann gezogen. Zu Recht. Aber wo wir gerade von Nutella und Geilheit reden: Im Bett wird das Zeug überschätzt. Soll ja toll für das Liebesspiel sein: Sich vorsichtig an gewissen Stellen damit bestreichen und das Ganze dann zärtlich ablecken. Klingt erstmal sexy, nach „9 ½ Wochen". Ist aber eher „Praxis Dr. Hasenbein", was den Sexiness-Faktor betrifft. Erstmal klebt es wie Sau, ist schwer komplett mit der Zunge zu entfernen, der Geschmack vermischt sich mit dem in solchen Momenten eher salzigen Geschmack der Haut und sorgt so für ein Aroma, das man nicht auf seinem Brot haben möchte. Und, ganz ehrlich, die Farbe ist auch nicht erotikfördernd. Ich hasse es, euch zu desillusionieren, aber: Nutella, raus aus dem Bett!

Guten Morgen, ich nehme den Grillteller und ein Bier!

Netzwerk	Gründername	Mitglieder
Lokalisten	Pfaffi_82	17

Manche Ernährungsexperten sagen ja, man soll frühstücken wie ein König, zu Mittag essen wie ein Bürger und zu Abend essen wie ein Bettler. Ich bin auch eher der Typ, der die erste Mahlzeit des Tages gerne verschiebt, vernachlässigt oder vergisst. Aber manchmal, vor allem wenn ich in Hotels mit einem ordentlichen Frühstücksbuffet bin, hau ich richtig rein. Rührei, Bratwürstchen, Käsebrot – immer rein damit. Da ist der Schritt zur vollwertigen Mahlzeit, wie sie in dieser Gruppe propagiert wird, nicht mehr weit. Gut, man muss sich vermutlich ein wenig dazu zwingen, nach dem Aufstehen ein Bier zu trinken, aber was soll man auch anderes zu einem Grillteller nehmen? Eben. Das ist alternativlos. Und da man ja weiß, dass ein Bier auch eine kleine Mahlzeit ist, muss man das sportlich sehen. Alles ernährungswissenschaftlich abgesegnet. Und wer sagt eigentlich, dass die Könige damals nicht auch ein frisch gebrautes Bierchen zum Frühstück tranken? So lange ich keinen Gegenbeweis habe, gehe ich einfach mal davon aus. Ach, lovely Selbstbetrug.

Ich liebe die gefrorene Sahne unter dem Spaghetti-Eis

Netzwerk	Gründername	Mitglieder
StudiVZ	Michaela Illmer	32.441

Mein bester Freund hatte einmal die geniale Geschäftsidee, einen Imbiss aufzumachen, in dem man nur Krusten kaufen kann. Krusten von allem Möglichen: von überbackener Pasta, Kartoffelgratin, vom Fleisch usw. Denn die Kruste ist ja bei jedem überbackenen Essen das Leckerste und das, was man sich bis zum Schluss aufhebt. Und wenn ich diese Gruppe sehe, dann wüsste ich auch schon, was auf der Nachtischkarte stehen könnte. Vielleicht könnte man noch zusätzlich, für ganz Mutige, Haut vom Pudding als Dessert anbieten. Dann hätte man so ziemlich alles abgedeckt. Das Problem ist nur: Was macht man eigentlich mit dem Riesenberg an Essen, der sich dann anhäuft, weil man ja nur die Krusten verkauft? Da wir dafür nie eine Lösung gefunden haben, bleibt der Imbiss-Plan wohl bis auf Weiteres in der Schublade für „Die Idee ist gut, doch die Welt noch nicht bereit."

Abnehmen mit Weißwurst und Leberkäs

Netzwerk	Gründername	Mitglieder
Facebook	Christian Kaindl	96

Ach ja, der Diätenmarkt bietet schon die ein oder andere kreative Möglichkeit, die überschüssigen und nervigen Pfunde loszuwerden. Naja, so ganz stimmt das nicht. Er bietet die vermeintlichen Möglichkeiten abzuspecken. So ist es wohl richtiger. Und natürlich haben Diäten sehr viel mit Selbstbetrug zu tun. Man muss sich nur mal die Auslagen in den Zeitschriftenläden ansehen: die Nudel-Diät, die Steak-Diät, die Pommes-Diät, die Sacher-Torten-Diät und so weiter. Da kommt man sich doch mittlerweile richtig verarscht vor und sucht händeringend nach einer Diät, die nicht sofort den Eindruck macht, einen an der Nase herumführen zu wollen. Und das ist dann der Moment, in dem man auf diese Gruppe stößt. Hier treffen sich wohl Menschen, die der festen Überzeugung sind, das traditionell bayerische Frühstück könnte ihnen beim Abnehmen helfen. Und dieser wunderbar unprätentiöse Gruppenname hat auch was Stoisches: Ja mei, wenns nicht klappt, dann hat man wenigstens gut gefrühstückt.

Dreckiges Geschirr schimmelt nicht, wenn man es einfriert!!!

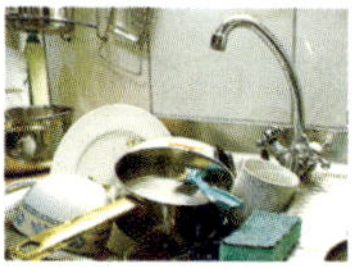

Netzwerk	Gründername	Mitglieder
Lokalisten	kleines_bugaboo	54

Klar, macht Sinn: Im Kühlschrank kann das Geschirr nicht schimmeln. Nur: Wie viel passt in einen normalen deutschen Kühlschrank rein? Und die viel wichtigere Frage: Macht es die Sache tatsächlich besser? Ich finde, das kann man vorübergehend mal machen, wenn man übereilt in den Urlaub abreisen muss und es wieder nicht hinbekommen hat, den Abwasch zu machen. Oder wenn die Geschirrspülmaschine zur Reparatur muss und man die zwei Wochen überbrücken muss, oder wenn die Schwiegermutter kommt. Für diese Notfälle scheint das mit dem Einfrieren eine sehr gut Idee zu sein – funktioniert perfekt. Man könnte sich aber auch für solche Fälle einen Vorrat an Pappgeschirr zulegen, das muss man dann nicht mehr einfrieren.

Kein Pecorino mehr bei Lidl – Jetzt wird zurückboykottiert!

Netzwerk	Gründername	Mitglieder
Facebook	**Wird nicht mehr angezeigt. Zufall?**	**16**

Einer dieser Gruppennamen, über die ich mich kaputtlachen könnte, weil sie so unglaublich ins Detail gehen. Ich meine: Wie viele Menschen werden schlaflose Nächte haben, weil ihr Schafskäse nicht mehr im Discount angeboten wird? Ich denke, ihre Zahl ist minimal. Wie auch die Mitgliederzahl der Gruppe (als ich dies schrieb, waren es 16). Aber hey: Für 16 Leute ist es entweder ein echtes Problem, dass der Pecorino aus dem Sortiment gestrichen wurde, oder sie haben einen ziemlich schrägen Humor. Am besten finde ich den Aufruf zum „Zurückboykott". Ich sehe schon die angsterfüllten Gesichter in der Lidl-Konzernzentrale. „Hey Chef, sorry, aber es gibt diese Facebook-Gruppe, die hat schon 16 Mitglieder und, wie soll ich sagen ..." „Nun rücken Sie schon raus mit der Sprache!" „Ja, also, die sind sauer, weil wir den Pecorino gestrichen haben." „Na und? Das Zeug fand ich eh widerlich!" „Ja, schon, aber die drohen hier mit nem Zurückboykott ..." „WAAAS?!?! NEHMT DEN KÄSE WIEDER REIN! Vielleicht können wir das Schlimmste noch verhindern!" So wird's sein.

Wir trinken Bier nur an Tagen, die mit ‚g' enden. Und mittwochs.

Netzwerk	Gründername	Mitglieder
Lokalisten	Bencz	115

Okay, der Gag hat schon einen gewissen Bart. Aber, ganz ehrlich, jedes Mal, wenn ich ihn höre, gehe ich in Gedanken die ganzen Wochentage durch. Das ist eine Art pawlowscher Reflex. Deswegen durfte er in dieser Liste natürlich auch nicht fehlen. Und ein Grund, Bier zu trinken, findet sich doch allemal, da braucht man nicht mal diesen rhetorischen Trick für. Man kann Bier trinken, weil: man Durst hat, man krank ist (dann soll es zwar warm sein, aber: Bier ist Bier), man unterheft ist (ein schlimmes Krankheitsbild, das ich just in diesem Moment erfunden habe), man etwas Ehrlicheres als Cocktails trinken möchte, man Bier einfach liebt, man die deutsche Braukonjunktur ankurbeln will, man die Heimat vermisst (Kölsch in München, Weizen in Berlin etc.), man es ausgegeben bekommt, man seinen Körper in eine wunderschöne Kugelform shapen will. Es gibt viele Gründe für Bierkonsum. Man muss nur genau in sich hineinhorchen. Dann braucht man auch keine Ausreden mehr.

Wenn man keine Tiere essen soll, warum sind sie dann aus Steak?	

Netzwerk	Gründername	Mitglieder
Lokalisten	Kathl1986	153

Diese Gruppe ist reine Provokation, aber ihre Aggressionen kann ich gut nachvollziehen. Es gibt ja nix Nervigeres als so militante Vegetarier, die ständig die Nase rümpfen, wenn's ums Fleisch geht. Ich meine, wir sind doch Allesfresser! Gott hat uns Zähne gegeben, um zähe Tiersehnen zu durchtrennen, oder nicht? Ich kann ja verstehen, wenn man keine Tierkinder essen will und auf Kalb und Ferkel verzichtet, aber einen mit der Hand gefangenen Bullen kann man doch wirklich ruhig auf den Grill schmeißen! Noch schlimmer als Vegetarier finde ich übrigens die Veganer, die jedes Mal beim Bestellen ihr Veganer-Büchlein zücken, in dem in allen Sprachen der Welt steht, was man essen darf und was nicht. Sogar auf Hindu. Ich finde es am geilsten, wenn diese Leute dann die Pasta wegen des Parmesans wieder zurückgehen lassen und der Kellner beim Italiener geplättet ist. Der Parmesan ist ja nun wirklich nicht aus Steak.

Wir müssen Fett verbrennen – schmeiß den Grill an!

Netzwerk	Gründername	Mitglieder
Facebook	**Annette Stollenwerk**	**27.520**

Viele Rippchen verderben noch lange keinen Brei ... Eine Gruppe, die vor allem die Vegetarier unter uns zum Schaudern bringt. Aber auch für Fleischesser klingt diese Art des Grillens nicht gerade verlockend. Die fetttriefenden Schweinebauch-Stückchen, die es in Marinade ertränkt zu kaufen gibt, heizen die Fettverbrennung um ein Vielfaches an. Am besten kauft man den gesundheitsfördernden Einweggrill direkt dazu, da braucht man auch keinen Anzünder mehr – is alles dabei. Dann muss man nur noch den in Mayonnaise ertränkten Kartoffelsalat besorgen, zwei, drei Tüten Chips mit verschiedenen Dips, einen freien Platz im überfüllten Park finden und zwanzig Euro für die Streife vom Ordnungsamt mit einkalkulieren, weil man mal wieder nicht an der offiziell gekennzeichneten Stelle gegrillt hat. Egal, Hauptsache das Fett wird verbrannt.

Wer das Rauchen aufgibt, muss nach dem Sex reden!

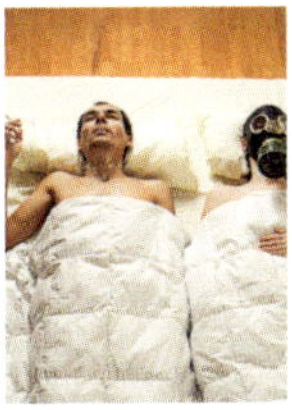

Netzwerk	Gründername	Mitglieder
Lokalisten	Lord_Helmchen1985	64

Ja, es ist wahr: Männer denken nach dem Sex wirklich nichts. Absolut nichts. Ich kann mir das auch nicht erklären. Wenn ich bewusst versuchen würde, „nichts" zu denken, würde ich es nicht schaffen. Aber nach dem Sex geht das eben. Wie glücklich sind dann die Raucher, die aufstehen und nackt auf dem Balkon eine Zigarette rauchen gehen können. Wie schrecklich aber sind die Gespräche, denen man sich als Nichtraucher ausgesetzt sieht, wenn die Frau nach dem Akt in den Brusthaaren des Partners rumspielt und plötzlich sagt: „Was denkst du gerade?" Wie viele sinnlose, destruktive und kontraproduktive Diskussionen wurden schon geführt, wenn ein Mann darauf verträumt „nichts" antwortete. Von enttäuscht bis sauer reicht die Range der Emotionen, der sich nichtsahnende und vor allem -denkende Männer dann plötzlich ausgesetzt sahen. Und da muss natürlich erstmal drüber geredet werden. Ach, Glück der Raucher. Bei einer Zigarette kann man sich wenigstens überlegen, was man sagt. Auch wenn man ja eigentlich nichts denkt.

FASHION

Wer sind eigentlich Hennes&Mauritz? Die buchen immer bei mir ab!!! Ahhhh ...	

Netzwerk	Gründername	Mitglieder
Facebook	–	728 gefällt das

Ich bin also nicht alleine auf der weiten Flur der H&M-Geschädigten, wie beruhigend! Nur noch Oldschool-Abiturienten kennen den vollen Namen hinter dem Kürzel und sagen „Ich kauf meine Jeans nur bei Hennes&Mauritz" – ich kenn auch noch ein paar davon. Die kaufen aber eigentlich nur eine Sorte Jeans dort: das gleiche Modell seit Jahren – dazu schwarze Hemden und Unterhosen, alles H&M-Klassiker. Über seine H&M-Kaufgewohnheiten lässt sich übrigens leider kein Clubmitglied aus. Mich wundert sowieso, dass keine User-Kommentare auf der Seite zu verzeichnen sind, immer sind es nur die Seitengründer selbst, die auf der Pinnwand posten. Der wutentbrannte Ausruf „AHHH" am Ende zeigt den emotionalen Druck, der vom monatlichen Kontoauszug ausgeht. Da bucht ja nicht nur Hennes&Mauritz ab, sondern auch Herr Shell immer mal gerne oder Frau Zara und irgendwelche Lidls und Aldis ...

Nein, ich habe keinen Besuch: DAS SIND ALLES MEINE SCHUHE!!!!

Netzwerk	Gründername	Mitglieder
Facebook	–	35.721 gefällt das

Mehr als fünf Männer sind hier sicher nicht dabei, würde ich mal tippen. Fotos von Schuhen, Schuhen, Schuhen, so weit das Auge reicht, herrlich!! Ich könnt ewig verweilen auf dieser Seite, denn so klischeehaft das Ganze ist, Schuhe haben schon was fast Magisches an sich. Man kann wirklich nicht genug davon haben oder kaufen! Man muss sie alle haben, die Ballerinas braucht man auch nicht nur in Schwarz, sondern auch in Grün UND Grau. Unter vier Paar Stiefeln geht's gar nicht, ganz zu schweigen von den vielen Turnschuhen. Aber was soll man machen, wenn es auch so viele echt geile Modelle gibt? Kann ich ja nix für! Bei mir sieht's dann auch oft so aus, als wären alle meine Facebook-Freunde zu Besuch in meiner Hütte. Ich kenn aber auch männliche Sneakernerds, da sieht's vor der Tür aus, als hätte der ganze Fußballclub gerade vorbeigeschaut.

Dank Ed Hardy erkenne ich Vollidioten sofort!

Netzwerk	Gründername	Mitglieder
Facebook	Johannes Janka	74.601

Mit über 70.000 Fans fühlt man sich bei dieser Gruppe nicht verloren in der Diaspora der Stillosen, sondern kann im Kollektiv endlich offen zugeben, dass Ed Hardy echt keine guten Klamotten macht. Überholte 80er-Tattoomotive, schwachsinnige Anker und Schwerter will nun wirklich keiner mehr sehen. Endlich spricht jemand die Wahrheit offen aus und wird dafür mit königlichen Kommentaren belohnt: Von astreiner „Opfermode" ist hier die Rede. Der neuste Trend: Der Unmut verlagert sich langsam auf die noch schlechter gemachten Ed-Hardy-Plagiate aus der Türkei. „Schönes Ed Hardy Shirt, warste in der Türkei im Urlaub?", kommentiert einer der Fans das Zeitgeschehen. Bleibt nur eine Frage offen: „Wer ist Ed Hardy und warum kotzt er auf seine T-Shirts?"

Hulk Hogan makes the best Commercials

Netzwerk	Gründername	Mitglieder
Facebook	Nicht mehr dabei. Etwa der Hulkster selbst?	19

Gebt mal bei YouTube „Hulk Hogan Commercials" ein. Ihr werdet staunen und euch fragen, wofür der All-Star-Wrestler eigentlich KEINE Werbung gemacht hat. (Nach einem ersten Überblick kann ich vermutlich Damenbinden ausschließen.) Dabei haben die Spots mit dem Hulkster auch immer einen ganz eigenen Charme. In der Hälfte der Spots wird zum Schluss mit einer aggressiven Pose das eigene Muskelshirt zerrissen. Sozusagen um die Werbebotschaft noch einmal zu unterstreichen. Und das zieht: Ich bin jetzt ziemlich überzeugt davon, diverse Produkte dringend zu benötigen, wie zum Beispiel dieses Deo oder diese Käsebällchen. Am beeindruckendsten ist für mich der Spot für die amerikanische Vor-Vorwahl zum günstigen Telefonieren. Da ist Hulk Hogan zusammen mit: ALF! Die 80er Jahre eines kleinen Jungen komplett in 30 Sekunden! Un-glaub-lich. Ich war 12, als ich das gesehen habe. Es stimmt also heute noch: Hulk Hogan macht die besten Werbespots.

Ich hasse den beigen Burberry-Schal

Netzwerk	Gründername	Mitglieder
Lokalisten	Mishkin	17

Es gibt nichts Befriedigerendes, als anderer Leute Style zu verurteilen, Schalträger in eine Schublade zu stecken und ganze Generationen fashiontechnisch zu verurteilen. Das hier beschriebene Fashion-Verbrechen stammt auch noch aus den späten 80er Jahren. Meine Deutschlehrerin hatte alles in diesem grauenhaften Karo-Burberry-Muster: den Rock, den Schal, die Bluse und, haltet euch fest, selbst den Schirm! Und dieses Complet trug sie fast täglich. Da bin ich also mehr als abgehärtet, was dieses kleine harmlose Schälchen anbelangt. Ist mir im Straßenbild auch gar nicht aufgefallen. Aber seit ich dieser Gruppe beigetreten bin, werde ich wieder mehr drauf achten. Und auch mal ein Foto posten, vielleicht finde ich noch eins aus der 7b.

Dunkelhaarige Frauen sind sexier als Blondinen ;D

Netzwerk	Gründername	Mitglieder
Facebook	–	127.295 gefällt das

Also, das tut einer Blondine wie mir schon weh, dass so viele Menschen denken, dunkelhaarige Frauen seien sexier als Blondinen, aber so viele können kaum irren, oder? Von „rassig" und „purer Sinnlichkeit" ist die Rede. Die geposteten Fanbilder sind allesamt aus den Yellow-Press-Gazetten Südeuropas geklaut. Wenn man stundenlang bei der Kosmetikerin sitzt und sich die Haare und das Make-up machen lässt, sieht man immer rassig und mysteriös und sexy aus. Das ist nicht fair. Und ich finde, das ist auch Geschmackssache. Ich tendiere eher zur Annahme, dass Blondinen es gar nicht nötig haben, sich so aufzurüschen. Ist es nicht so, dass Blondinen ganz natürlich am besten aussehen? Mit offen wehendem Haar und nur einem Hauch von Bronze auf den Wangen? Ich will nur mal an Bo Derek nackt auf dem weißen Pferd am Strand erinnern. Da könnt ihr alle mal einpacken, ihr dunkelhaarigen Plastikfrauen.

Ein Mann ohne Bart ist nicht richtig angezogen.

Netzwerk	Gründername	Mitglieder
Facebook	Graham Schmidt	883

Ich trage Bart, seitdem er mir wächst. Das war mal ein mehr oder weniger langer Ziegenbart, den ich manchmal auch komplett abrasierte, aber der Schnurrbart stand eigentlich immer. Den hab ich, glaube ich, das letzte Mal vor zehn Jahren abrasiert. Denn das Gruppenmotto kann ich nur unterschreiben! Ich würde mich sogar zu der Aussage hinreißen lassen, dass ein Mann ohne Bart kein richtiger Mann ist. Zumindest nicht nach alteingesessener Definition. Lass wenigstens einen Drei-Tage-Bart stehen, aber so gar nichts? Keine Stoppeln? Komplett glatt wie ein Baby-Popo? Das ist so Beckham-Style. Metrosexuell. Unkantig. Unmännlich. Man muss es doch mal so sehen: Männer! Wir KÖNNEN uns einen Bart wachsen lassen! Das ist eine Ehre, ein Geschenk unseres Körpers! Also, nehmt es an! Benutzt es! Habt euren Spaß damit! Wer schon jemals halb verhungert einen kleinen Rest vom Frühstück in seinem Bart entdeckt hat, der weiß, wie wertvoll die Dinger sein können.

The Burt Reynolds Mustache Preservation Society

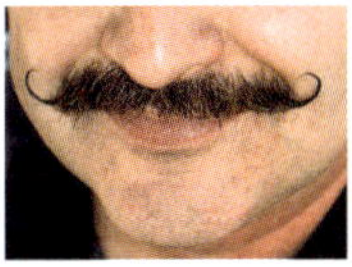

Netzwerk	Gründername	Mitglieder
Facebook	Curtis Visser	1.251

Wenn es einen Menschen gibt, der noch für ein klassisches Männerbild steht, der noch die großen Machismen der 80er Jahre verkörpert und der ebenfalls in seiner Karriere das große Scheitern demonstriert, dann kann man schon von einem ganz Großen reden. Vor allem, wenn er derjenige Schauspieler ist, der in Hollywood als erstes die Millionen-Gage-Schallgrenze durchbrach. Burt Reynolds ist ein totaler Held. Oder, nach heutigen Maßstäben gemessen, auch ein totaler Anti-Held. Flotte Sprüche über kesse Bienen wirken nun tatsächlich eher anachronistisch als authentisch. Und trotzdem: Für mich einer der Chefrocker. Das liegt natürlich auch in seinem Style begründet, den er so viele Jahre lang durchgezogen hat. Ich meine: Dieser Schnurrbart, der ist ja schon so out, dass er wieder in ist, dass er wieder out ist. Und trotzdem total super. Wie schön, dass sich also diese Gruppe gefunden hat, um dem zu huldigen, was einen Großteil des Reynoldschen Faszinosums ausmacht: sein Schnörres.

Wenn ich mal dick bin, möchte ich aussehen wie Bud Spencer

Netzwerk	Gründername	Mitglieder
StudiVZ	Roman Bejwl	190

Du Held meiner Jugend. Ich habe keine Ahnung, wie oft ich „Sie nannten ihn Mücke" gesehen habe, aber dieser Film zählt für mich zu den absoluten All-Time-Classics. Und es gibt tatsächlich niemanden außer dem ehemaligen Schwimm-Olympioniken aus Italien, der dick noch so cool rüberkommt. Gut, im Gesicht hat das latente Nachteile, denn wirklich sicher sein kann man nicht, ob die Augen gerade geöffnet sind oder zu. Aber Abstriche muss man überall machen, und vielleicht ist das ja für einen persönlich auch gar kein großer Nachteil. Man kann so immerhin langweiligen Gesprächen beiwohnen, ohne dabei wach bleiben zu müssen. Da ich ja mit dem Rauchen aufgehört, mit Port aber noch nicht angefangen habe, nehme ich tatsächlich gerade in einem Affenzahn zu. Das Coole ist, dass ich jetzt schon weiß, welchen Style ich dann bald tragen muss. Einen besseren Stilberater als Buddy kann es in diesem Fall gar nicht geben. Und das Beste: Ich darf dann auch immer direkt aus der Pfanne essen!

Maaaaann, meine Haare, scheiß Wind ... ich könnt kotzen!!

Netzwerk	Gründername	Mitglieder
Facebook	Andrea Lehmann	799

Als Beschreibung dieser Gruppe steht „typisch weiblich". HÄ? Wenn ich mir die ganzen gegelten Heinis in der U-Bahn anschaue, frag ich mich schon, wer hier nen Fön bekommt, wenn's die Frisur verweht. Aber egal, seit der legendären Drei-Wetter-Taft-Werbung in den 90ern dürfte das doch kein Problem mehr sein. „10 Uhr Berlin, die Frisur sitzt", ihr erinnert euch? Die Gruppenbeiträge lesen sich etwas mühevoll, scheinen hier doch Mundart-Freunde am Werk zu sein. Vielleicht gründe ich einfach mal die Gruppe „Ich hasse es, wenn man im Dialekt schreibt!" Was heißt bitte „Endlich fasteht mi moi wer."? HÄ? Da isses wieder, das „HÄ?". Anstatt sich gegenseitig zu bemitleiden, könnten hier ein paar handfeste Tipps nicht schaden: Kopftuch tragen, Cabrio verkaufen oder einfach Haare ab!

Ich werde Lehrerin und rasiere mir trotzdem die Beine

Netzwerk	Gründername	Mitglieder
StudiVZ	Christian Weißbach	89

Es wäre vermessen von mir, mich als Fachmann für epilierte Beine auszugeben. Aber ich habe mal – aus Spaß und Neugier – einen Streifen Wachs auf meinem Bein ausprobiert. Ja, das hat ordentlich gezwiebelt und ja, ihr Frauen tut mir leid, dass ihr das über euch ergehen lassen müsst. Aber nur weil ihr Berufe habt, in denen es nicht in erster Linie um Sexiness geht (was ja eh fast nur auf Stripperinnen u. Ä. zutrifft), heißt das ja nicht, dass ihr nicht auch sexy sein dürft. Dabei ist diese Gruppe natürlich ein Paradebeispiel, weil gerade der Lehrerinnenberuf oftmals Frauen anzulocken scheint, denen Äußerlichkeiten betont unwichtig sind. Das ist nur ein albernes Klischee und ein Vorurteil, aber hey: Ich habe diese Gruppe nicht gegründet! Ich habe übrigens immer das Glück in meiner Schulzeit gehabt, von attraktiven Lehrerinnen unterrichtet zu werden. Insofern ficht mich dieser Gruppenname nicht an: Es gab sie schon immer und es wird sie immer geben: epilierte Lehrerinnen.

FIESES

Klar kannst Du Dich mal melden, halt nur nicht bei mir ...

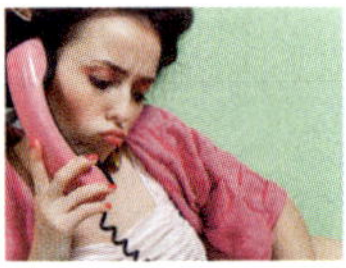

Netzwerk	Gründername	Mitglieder
Facebook	Robert Schmidl	4.479

Kreisch, Kreisch, Doppelkreisch! Da musste ich lauthals lachen, als ich diese Seite das erste Mal sah. Vor allem über den die Gruppe erklärenden Subtext: „Arroganz als beste Waffe". Ist Arroganz wirklich die beste Waffe? Oder ist das hier nur eine Anhäufung von jungen Menschen, die gerne mal so richtig arrogant wären und diesen Satz LAUT sagen würden? In dieser Gruppe können sie es und das zuhauf. Generell hat die Gruppe aber nicht viel mehr zu bieten als den ersten Lacher beim Finden. Den besten Kommentar wollen wir euch nicht verheimlichen: „Jedes mal nen Euro, wenn ich diesen Satz gerne gesagt hätte, und ich hätt schon längst nen Ferrari vor der Tür stehn ... :-)!" Hätte, könnte, würde ... Da müssen wir aber noch mal im Kollektiv üben, üben, üben!

Selbst die Dinge, die ich lasse, sind geiler als die, die du tust!

Netzwerk	Gründername	Mitglieder
Facebook	Lydia Ratke	457

Ein guter Diss hat zu sitzen. Das muss ein Satz wie ein Ausrufezeichen sein. Und da mittlerweile schon mein Versicherungsvertreter „Deine Mutter"-Witze macht, kann man diese Kategorie als gelungene Beleidigung wohl ad acta legen – zum Glück! Bedeutet es doch, dass man frei von formellen Zwängen versuchen kann, sein Gegenüber so zu treffen, dass es noch Wochen später ordentlich nachschallert.

Nun könnte man behaupten, dass der Name dieser Gruppe sich nicht eignet, um damit post-pubertären Gangster-Rappern an den Karren zu fahren, weil das Satzkonstrukt einfach zu kompliziert ist, um überhaupt als Beleidigung erkannt zu werden. Aber gerade das ist doch die Grandezza der Formulierung. Einerseits kann man damit lächelnd jemanden dissen, der das vielleicht gar nicht merkt, andererseits eignet er sich hervorragend, um im Austausch mit Gleichgesinnten in einem wundervollen Battle den Gegner bloßzustellen. Viel kann man darauf nicht mehr antworten. Außer vielleicht: „Ey, du Opfer!"

Frauen Komplimente zu machen ist wie Topfschlagen im Minenfeld!!

Netzwerk	Gründername	Mitglieder
Facebook	–	8.840 gefällt das

„Denn manchmal kann man nur verlieren“, heißt es in der Gruppen-Betitelung weiter. Jungs, es kann doch nicht so schwer sein, einer Frau Komplimente zu machen. Man muss nur konkret werden. Einfach nur „Du bist schön“ reicht noch lange nicht, das könnte ja jeder gelten! Was genau ist schön an dieser Frau? Die Beine, die Haare oder die Figur? Und wehe, das wird schwammig formuliert! Und „Du bist die tollste Frau der Welt“ ist schlichtweg Quatsch. Alles was nach Übertreibung riecht, wird als „Mine“ verzeichnet. Entschärfen würde diese Übertreibung das folgende Kompliment: „Für MICH bist du die tollste Frau der Welt.“ Was ich übrigens nicht verstanden habe: Warum ist diese Gruppe als religiöse Gemeinschaft deklariert?

Ey ... wenn die sich jetzt küssen, dann brech ich!!!

Netzwerk	Gründername	Mitglieder
StudiVZ	Jacqueline K.	16.909

Ehrlich gesagt habe ich den Gruppennamen nie ganz verstanden, gibt es doch zwei Interpretationen:

1.) Man beobachtet auf Partys ja gerne andere Leute. Wie verhalten sie sich, was gibt es für klassische Stereotypen ... Und manchmal beobachtet man zwei Menschen, die wirklich unglaublich hässlich sind. Und wenn die dazu ansetzen sich zu küssen und wildestens rumzuschlabbern, dann kann einem schon mal schlecht werden. Oder:

2.) Man ist noch ganz unglücklich, weil die neue Freundin, mit der man gerade drei Wochen zusammen war, einen hat sitzen lassen. Es läge nicht an einem selbst, sie sei nur nicht so weit blabla. Hat jeder schon mal gehört. Und dann geht man die Straße entlang und sieht sie zufällig und daneben, hey, das ist doch der eigene beste Freund! Und warum halten die Händchen? Und was machen die jetzt? WAAAH!

Und siehe da, wenn man sich die Pinnwand der Gruppe durchliest: Die sind ebenso uneinig und reden eigentlich über beide Situationen. Glück gehabt.

Bielefeld gibt es nicht!

Netzwerk	Gründername	Mitglieder
Facebook	Helge Breitsprecher	226

Ich fand den immergleichen Witz meines Vaters echt unwitzig: „Und kommste nicht aus dieser Welt, dann kommste wohl aus Bielefeld." Mein Vater hat sich immer weggeschmissen vor Lachen. Was hat diese Stadt nur an sich, dass sie mehr und mehr zum Ostfriesland des Westens mutiert? Rund um Bielefeld hat sich eine ganze Verschwörungstheorie entwickelt und endlich wurden auch Beweise gefunden, die das Nicht-Existieren belegen: Auf der offiziellen Internetseite der Stadt soll eine beliebige Stadtskyline eingesetzt worden sein – merkt ja eh keiner bei dieser gesichtslosen Stadt. Blöd nur, dass der Kölner Dom nicht wegretuschiert wurde ;-). Haben sie aber jetzt gemacht. Ein Beitrag eines Mitglieds lässt hoffen, dass es Bielefeld doch gibt: „Es muss Bielefeld geben. Erst kürzlich bekam ich Post mit nem Foto auf dem ich durch Bielefeld fahre. Da wollten die dann so ne Art Wegzoll für haben. Sah sogar recht offiziell aus so mit Briefkopf und Co."

I have more Foreign Policy Experience than Sarah Palin

Netzwerk	Gründername	Mitglieder
Facebook	Timothy Goyder	214.793

Eine der wenigen englischsprachigen Gruppen in unserer Aufzählung, aber diese hier darf einfach nicht fehlen. Man muss es ja auch auf Englisch sagen, damit zumindest die Möglichkeit besteht, dass die Empfängerin es mitbekommt (Übrigens: Genau deshalb sollte man eine solche Gruppe an den deutschen Außenminister gewendet un-be-dingt auch auf Deutsch gründen!). Nun ist es wohl nicht besonders schwer, mehr außenpolitische Erfahrung als Frau Palin zu haben, denn ich denke, sie ist außer zu Wahlkampfzeiten nicht mal aus ihrem Bundesstaat rausgekommen und auch dann nur widerwillig. Aber tut man ihr damit nicht auch unrecht? Wir reden hier immerhin von der Frau, die es geschafft hat, die Teenager-Schwangerschaft ihrer Tochter als etwas relativ Normales hinzustellen. Mitten im Wahlkampf als Republikanerin? Respekt! Andererseits könnte man auch sagen: Die Menschen haben ihr innerhalb kürzester Zeit einfach so ziemlich alles zugetraut – von der Fähigkeit mit einem sehr alten Mann zusammen Amerika zu regieren einmal abgesehen.

Wenn Handball einfach wäre, würde es Fußball heißen

Netzwerk	Gründername	Mitglieder
Lokalisten	Asia-Bazar	104

Ich kann ja weder Hand- noch Fußball spielen und es ist mir auch egal. Ich finde nur, dass Fußballschauen in großer Runde mehr als gesellschaftliches Event durchgeht als Handball mit Freunden gucken. Wobei der Gruppengründer (dessen Name auch sicher nicht der richtige ist) ja meint, dass es nichts Langweiligeres als neunzig Minuten ohne Tor gibt. Da geht's beim Handball schon mehr zur Sache. Aber beim Handball ist alles so eng und klein und ständig quietscht was. Und den Ball kann man kaum verfolgen. Allerdings wirken die Handball-Männer irgendwie intelligenter und hübscher als die Fußballer. Kann mich aber auch täuschen, ich guck nicht so oft Handball. Egal, ob das stimmt oder nicht, zumindest ist FußballGUCKEN einfacher als Handballspielen.

Bitte lasst Marcel Reif keine BAYERNSPIELE mehr kommentieren!

Netzwerk	Gründername	Mitglieder
Lokalisten	stevie-bevie	123

Dieser Mann ruft nicht nur bei Gruppengründer stevie-bevie Missmut hervor. Sein Kommentarstil scheint zum roten Tuch einer ganzen Fußballnation zu werden. Da ich ja keine Ahnung von Fußball habe und auch bei den Kommentaren nicht ganz mitkomme, lass ich lieber stevie-bevie sprechen, der in seiner Gruppenbeschreibung ein ganzes Spiel analysiert hat. Und das macht er gut, vor allem die Beschreibung der 11.-20. Minute: „Reif beginnt langsam, das Spiel total scheiße zu finden, auch wenn es nach 20 Minuten bereits 4:3 steht. Er zieht über jeden Spieler her, der zum Abspielen mehr als 2 Sekunden braucht. Er meint dann meistens, dass dieser Spieler noch nicht mal in der 6. albanischen Liga bestehen könnte." „Irgendwann verfällt Reif dann in total vereistes Schweigen, um gegen Ende das Spiel noch mal Revue passieren zu lassen. Dann sagt er, dass sowieso alle der 8 gefallenen Tore total irregulär waren und schiebt alles auf den völlig indiskutablen Schiedsrichter."

Wer zuletzt lacht, denkt zu langsam!!

Netzwerk	Gründername	Mitglieder
Lokalisten	gpat	430

Musste auch erst mal eine Sekunde drüber nachdenken und dann zumindest leise schmunzeln. Schade ist nur, dass der intellektuell anspruchsvolle Titel der Gruppe so gar nichts dahinter zu bieten hat. Keine altklugen Kommentare, keine Diskussion, keine Videos und Fotos auch nicht. Nichts wirklich Einfallsreiches, außer dem echt schlechten Witz eines Mitglieds mit dem Betreff „I finds lustig." Hmm, dabei könnte man sich unter dem Motto „Wer zuletzt lacht, denkt zu langsam" schon auslassen, zum Beispiel „Denksportaufgaben" posten oder sich „Um-die-Ecke-gedacht-Aufgaben" ausdenken. Oder auch ein Best-Of aus den Rätselseiten der ZEIT zusammenstellen. Wäre schön gewesen. Vielleicht hab ich auch nicht ganz verstanden, was die da wollen ... Meistens bleibt mir das Lachen sowieso im Halse stecken, wenn ich merke, dass ich die letzte bin, die den Witz verstanden hat.

Mathe is ein Arschloch, Latein seine Schwester, Physik sein Bruder und Englisch sein Cousin

Netzwerk	Gründername	Mitglieder
Lokalisten	TheXbenexx	177

Den Spruch „Mathe ist ein Arschloch" kannte ich schon. Immer gern genommen, wenn ich es mal wieder nicht auf die Reihe bekomme, eben schnell die Mehrwertsteuer oder die Provisionsprozente auszurechnen. Is aber auch'n Arsch, der Mathe. Dass Latein seine Schwester ist, war mir neu, macht aber Sinn. Wenn ich mich an die schlaflosen Nächte vor der Lateinklassenarbeit erinnere und an die einfach nicht zu verstehende Grammatik dieser schon längst toten Sprache, würde ich fast behaupten, dass Latein die Urmutter aller Arschlöcher auf dieser Welt ist. Physik ist so überflüssig wie Trauzeugen, nur Englisch, finde ich, gehört nicht zur Familie. Müsste da nicht Chemie als Nächstes in der Erbfolge kommen?

„Das ist dann aber für Weihnachten und Geburtstag zusammen"

Netzwerk	Gründername	Mitglieder
StudiVZ	TJ	911

Ich kann mir gut vorstellen, wie schrecklich es für Mitte/Ende-Dezember-Geburtstagskinder sein muss, von klein auf den Satz zu hören, der eben diesen Gruppennamen ausmacht. Erwachsene und ihre bescheuerten Regeln. Was kann man denn dafür, wann man geboren wurde? Und dass Geschenke so oft an Bedingungen geknüpft werden. Uah. Schrecklich. Das erinnert mich daran, dass ich als Kind immer den Satz „Kinder, die wat wollen, kriegen wat auf die Bollen ..." (eher im Scherz) zu hören bekam, wenn ich etwas haben wollte (und Kinder wollen eigentlich immer irgendwas haben). Eine Freundin von mir toppte das aber souverän, als sie erzählte, dass sie zu Hause in der gleichen Situation als Kind immer den Satz hören durfte: „Kinderwille ist Dreckswille." Ernstgemeint. Gut. Unter den Umständen akzeptiert man es gern, wenn Geschenke zusammengelegt werden.

Ein Ouzo für meine Freunde!
Ja, den billigen!

Netzwerk	Gründername	Mitglieder
Lokalisten	schlumpfenpowerboot	15

Schlumpfenpowerboot? Da ist ja der Name des Gründers schon um einiges skurriler als der Gruppenname an sich. Ich stelle mir sofort einen kleinwüchsigen Mann in einem Schlauchboot vor, der den Außenbordmotor nicht anbekommt. In seinem Boot sitzen all seine betrunkenen Freunde, es kippelt gefährlich und droht unterzugehen. Zum Glück ist der Fluss nicht tief und die Strömung gering. Die „Besuffski-Truppe" paddelt auf einem Fluss irgendwo in Mitteldeutschland, sie erreicht eine Anlegestelle mit angeschlossener Gaststätte. Mit Müh und Not erklimmen die Freunde den Deich, schleppen sich zur Theke und Schlumpfenpowerboot macht einen auf dicke Hose und schmeißt ne Runde: „Ein Ouzo für meine Freunde. Ja, den billigen!" Das impliziert die Frage des Thekenpersonals: „Den billigen?" Sie hätten also noch teuren anzubieten, aber man scheint der Reisegruppe das Niveau schon anzusehen. Dann hoffen wir mal, der Kahn hält! Prost!

Ich bin kein KLUG-SCHEISSER, ich weiß es wirklich besser …

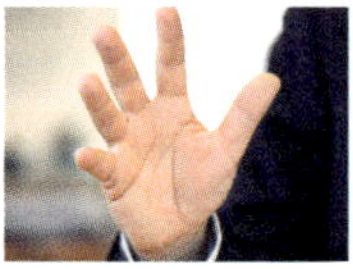

Netzwerk	Gründername	Mitglieder
Lokalisten	StefanSommer	133

Manchmal liegt es am Sternzeichen, wenn Menschen wirklich zu allem eine Meinung haben, auch wirklich alles besser wissen oder zumindest ausführlicher informiert sind und eben diese Informationen dann noch ausführlicher zum Besten geben. Meistens handelt es sich dabei um Jungfrauen, Steinböcke, Skorpione oder Journalisten. Auf jeden Fall nervt es, denn man ist ja selbst ein Mensch, der eigentlich alles besser weiß und auch nichts unkommentiert im Raume stehen lassen kann. Die anderen können einfach keine zweite Meinung zulassen, das ist doch das Problem. Dann kommt es mitunter darauf an, wer mehr Nachdruck in die Stimme legt und den Satz so formuliert, dass ihm eigentlich kein weiterer folgen kann. Ziemlich anstrengend und nervend, ich weiß, aber ich bin auch wirklich kein Klugscheißer, ich weiß es halt wirklich IN ECHT immer besser!

Ihr könnt den roten Teppich wieder einpacken, ich komme doch nicht

Netzwerk	Gründername	Mitglieder
Facebook	Manuel Kranebitter	13.125

Ich habe eine große Vorliebe für Rockstars, deren Selbstbewusstsein knapp an der Grenze zur Arroganz entlangschrappt. Das müssen nicht immer Musiker sein, das müssen nicht mal bekannte Menschen sein. Ich finde das schon gut, wenn es der Bäcker um die Ecke macht und sich selbst so inszeniert, als wäre er ein Gottesgeschenk. Gut, mein Bäcker macht das zwar nicht, aber es dürfte klar sein, worauf ich hinauswill. Man muss immer ein bisschen representen. Deswegen gefällt es mir auch so gut zu sagen: „Ihr könnt den roten Teppich wieder einpacken, ich komme doch nicht ...", weil es ja genau das vermittelt. Absolutes Rockstar-Power-tum. Fehlt eigentlich nur noch die Gitarre um den Hals. Aber mal ganz ehrlich: Wie sollte mein Bäcker mit Gitarre um den Hals seine Brötchen backen können? Die hängt doch dann immer im Weg! Und dann schafft er es nicht, und ich kriege keine Brötchen und muss verhungern. Nee, nee du. So nicht. Rollt den Teppich wieder aus: Ich komme doch!

Ich hasse Leute, die im Bus bei der Endstation drücken!!!

Netzwerk	Gründername	Mitglieder
StudiVZ	Christoph Klüter	30

Warum machen Menschen sinnlose Dinge? Manchmal essen sie Sachen, die sie gar nicht mögen. Gucken Sendungen, die sie nicht interessieren, mit Partnern, die sie eigentlich gar nicht wollen. Nur um dann zu einer Arbeit zu gehen, die sie gar nicht können. Und wie das oft so ist bei großen Fabriken: Die sind meistens am Stadtrand. Das bedeutet für Passagiere des ÖPNVs, dass die Fahrt bis zur Endstation geht. Und so klingt es dann auch aus dem Lautsprecher: „Endstation, bitte alle aussteigen." Und in dem Moment steht da dieser Typ, der alles vorher Genannte erfüllt, und drückt auf den Halteknopf. An der Endstation! Wo der doch sowieso hält! Die sinnloseste Handlung der Welt. Aber: Vielleicht hat er in diesem einen kleinen Moment wirklich gedacht, ER würde den Bus anhalten. Und dieses kleine, gute Gefühl, das sei ihm dann doch wieder gegönnt. Als Abwechslung.

Ich blinke nicht, weil es dich gar nix angeht, wohin ich will!

Netzwerk	Gründername	Mitglieder
Lokalisten	micomat	392

Ich mag ja die ganzen anarchistischen Verkehrssünder-Gruppen sehr gerne, ich zähle mich selbst zu den Verkehrs-Beschimpfer-Rowdys. Gibt ja ähnliche Gruppen, die heißen „Wir schimpfen laut im Straßenverkehr" und so. Ich finde das gut. Menschen, die ihre Aggressionen beim Autofahren loswerden können, schleppen sie nicht mit durch den Tag. Auf der Autobahn macht es mich wahnsinnig, wenn ich auf der Überholspur bin und jemand weigert sich, nach rechts zu fahren. Aber mit Abstand am schlimmsten ist dieses oberfahrschullehrerhafte Handzeichen, dass man den Blinker setzen soll: „Ich blinke nicht, weil es dich gar nix angeht, wohin ich will!!!"

Hier – eine Tüte Mitleid ... ups, verschüttet

Netzwerk	Gründername	Mitglieder
Lokalisten	Kathl1986	495

Fieser geht nicht mehr, oder? Man stelle sich vor, man kommt total verzweifelt zu einem Bekannten und jammert den mit Problemchen voll: kein Parkplatz gefunden, schon wieder pleite und die Freundin weggelaufen. Herrje und dann kommt so ein vernichtender Spruch. Ts ts ts, gar nicht nett. Aber manchmal kann man nicht anders. Mal verliert man und mal gewinnen die anderen – so ist das Leben. Im Internet tummeln sich viele solcher „Loser-Gruppen", wie „Das war ich nicht, das war schon so", „Lass mich mal, oh, Scheiße, kaputt!" oder „Wo ist mein Schlüssel, oh, im Kühlschrank." All diese Gruppen werden von Menschen gegründet, die ihr Leben nicht wirklich auf die Reihe kriegen und, sagen wir mal, ein unglückliches Händchen haben. Ich habe auch so Leute im Freundeskreis, denen möchte man noch nicht mal Blumen in die Hand drücken, weil man Angst hat, dass sie auf Anhieb verwelken. Man sieht ihnen die zwei linken Hände direkt an, die treffen noch nicht mal beim Händeschütteln ... Mit solchen Leuten muss man wirklich kein Mitleid haben, kann man eh nix machen, und außerdem steht ja ne Tüte davon auf dem Tisch, oh je, ups, verschüttet!

Auf dem Tisch steht ne Packung „Leck mich am Arsch" – bedien Dich!

Netzwerk	Gründername	Mitglieder
Lokalisten	seEsTeRn88	343

Ja – im Geiste hat man diesen Satz schon oft zitiert. Wenn unangenehme Familienmitglieder mal wieder totalen Schrott erzählen, wenn beratungsresistente Kunden immer wieder den gleichen Scheiß fragen oder wenn Freunde zum hundertsten Mal ihren Beziehungsschrott bei einem abladen. Aber was soll man denn konkret in so einer Situation machen? Da scheinen die Gruppenmitglieder auch kein Patentrezept zu haben, zumindest ist auch hier kein Mitgliederkommentar hinterlegt. Am besten den Satz nur leise denken und die Schnauze halten.

Entschuldige, ich habe deinen Namen vergessen ...

Netzwerk	Gründername	Mitglieder
Lokalisten	Funda82	61

Ist ja manchmal gar nicht böse gemeint. Wie oft kommt es vor, dass man Leute trifft, die man irgendwoher kennt, und dann fällt einem partout der Name nicht ein? Kann ja dann auch wirklich stimmen, dass einem der Name entfallen ist. Diese Gruppe gehört aber meines Erachtens mehr zu den „Ich bin arrogant"-Gruppen-Typen. À la: „Klar kannst du dich melden, nur halt nicht bei mir". Mit einem süffisanten Lächeln im Gesicht kann der Satz „Entschuldige, ich habe deinen Namen vergessen!" auch als tödliche Waffe eingesetzt werden. Gemein ist das Gruppenbild, das zum Zeitpunkt meiner Recherche eine Frau neben einem Mann nackt im Bett zeigt und auf ihrer Stirn leuchtet ein „Post-it"-Zettel mit ihrem Namen drauf. So kann man's auch machen, wenn man ständig die Namen durcheinanderbringt.

Stört es Dich, wenn ich meine Haare föhne, während Du redest?

Netzwerk	Gründername	Mitglieder
StudiVZ	Kim Seidler	7.014

Das verwunderlichste, was ich an Frauen festgestellt habe in meinem Leben, ist ihre Fähigkeit sich zu unterhalten, auch wenn niemand in ihrer unmittelbaren Nähe ist. So habe ich sicher schon zig Gespräche führen dürfen, während ich in der Küche gerade Essen zubereitete und die Dame im Badezimmer weilte. Sporadisch aufgefangene Wortfetzen deuteten mir an, dass sie etwas gesagt hat, aber natürlich hab ich nie etwas verstanden. Und während ich am Herd stehe und das Essen finalisiere, kommt die Dame mit Handtuch um den Körper in die Küche gestapft und sagt so etwas wie: „Sag mal, willst du mir nicht mal antworten?" Mehrere Versuche zu erklären, dass man sich nur schwer über mehrere Zimmer hinweg unterhalten könne, schlugen fehl, weswegen ich jetzt eine andere Strategie habe: Sobald ich den Föhn angehen höre, rufe ich in regelmäßigen Abständen so unverbindliche Dinge wie „Hmm", „Jaja" oder „Echt?", und schon bin ich aus dem Schneider. Worum es eigentlich ging, kann ich ja später immer noch erfragen.

Ich rede mehr Blödsinn, als du verstehen kannst!! :P

Netzwerk	Gründername	Mitglieder
Lokalisten	Liz_94	70

Wie diese Gruppe auf so viele Mitglieder kommt, ist mir schleierhaft, denn sie macht so überhaupt gar keinen Sinn. Und die Mitglieder reden bzw. schreiben noch nicht mal Blödsinn an die Pinnwand. Denn nur dann hätte die Gruppe ja wieder Sinn! Blödsinn an sich kann man sowieso nicht verstehen, wie kann man dann also mehr Blödsinn reden, als ein anderer verstehen kann? Denn wenn jemand im Ansatz nur versteht, was das Gegenüber sagt, kann es sich doch nicht mehr um Blödsinn handeln, oder doch? Und kann man Blödsinn nicht nur als solchen entlarven, wenn man auch versteht, was daran Blödsinn sein soll? Die Mitglieder schweigen, wie gesagt, zu diesem Thema alle. Was, wenn die diesen gesammelten Stuss gar nicht verstanden haben? Ich finde, die Gruppe sollte man sofort auf den Index der sinnlosesten Gruppen im Netz setzen!

Ich hab schon mehr vergessen, als du je gelernt hast

Netzwerk	Gründername	Mitglieder
Lokalisten	Chris79	63

Tja, da kann man sich nun überlegen: Liegt es am übermäßigen Alkoholkonsum oder am fortgeschrittenen Alter? Meine Erinnerungen reichen auch nicht mehr bis zum zweiten Geburtstag zurück, und so manch ein Partyaussetzer ist ein für alle Mal aus dem Gedächtnis gelöscht – und das ist auch gut so. Oder will man sich ewig daran erinnern, dass man auf der Wiese vor der Kneipe fast ohnmächtig herumlag und nach Raider verlangte? (Ja, das hieß damals noch nicht Twix!!). Das Durchschnittsalter dieser Gruppe beträgt 26, das macht mir ein bisschen Angst. So viel können die doch noch gar nicht erlebt haben, als dass sie genug Storys zum Vergessen hätten. Und ich wage auch zu bezweifeln, dass sie genug Zeit haben, all das zu lernen, was sie schon gleich wieder am Abend vergessen werden. Aber mir egal! Hauptsache, ich vergesse den tollsten Filmriss meines Lebens nicht. Äh, Moment, wo war das gleich noch mal?

Bevor du schön wirst, hab ich eine Alkoholvergiftung.

Netzwerk	Gründername	Mitglieder
Facebook	Manuela Male	26.113

Ach, Mädchen. Manchmal ist es ein so dermaßen schmaler Grat zwischen „super gestylt" und „Gesicht in den Farbkasten gedonnert", wenn man abends in der Disco in die Gesichter blickt und einem angst und bange wird. Dabei muss ich sagen, dass natürlich auch ich nicht jeden Abend wie Gottes größtes Geschenk aussehe. Insofern ist das natürlich Fair Game. Aber der schreckliche Versuch, sich jemanden schön zu trinken – dabei fühlt man sich ja selber auch schäbig. Es gibt da dieses wunderschön trostlose Lied der Gruppe „Truck Stop" mit dem Namen „Das Mädchen wird schöner mit jedem Glas Bier", das eigentlich genau beschreibt, um was es dabei geht. Wie traurig so etwas für alle Beteiligten ist. Aber manchmal muss man sich im Leben auch trostlosen Situationen aussetzen. Ich zitiere Truck Stop:
„Hängengeblieben, vergessen zu gehn,
wir sitzen am Tresen, und ich trink sie schön.
Sie wird stündlich jünger und ich langsam blau,
je später der Abend, desto schöner die Frau." Das gilt übrigens auch für Männer.

SKURRIL

Ich geh in die Hüpfburg ... machts gut ihr Trottel

Netzwerk	Gründername	Mitglieder
Facebook	Moritz Decker	16.054

Wenn man mich fragt, worum es in diesem Büchlein hier geht, versuche ich das anhand von Beispielen zu erklären, und da kommt mir diese Gruppe immer als erstes in den Sinn. Der Name hat alles: Selbstironie, Humor, eine Pointe, einen Spannungsbogen, eine leise Kritik (der Arroganz), und vor allem löst er sofort eine klare Assoziation aus: Ich sehe den armen Typen, wie er noch seine Schuhe auszieht und dann alleine, laut und hysterisch lachend, in der gelben Hüpfburg rumtobt und springt und alle auslacht, die davorstehen. Und die paar Kinder, die reinwollen, gucken den Typen misslaunig mit verschränkten Armen an, während dieser ganz erbärmlich versucht, einen Salto hinzubekommen. Die modernen Biomarkt-Eltern regen sich über den Mann auf, der ihren Kindern das Recht am Hüpfburgbesuch nimmt, und so entsteht eine lange und breite Diskussion mit dem überforderten Betreiber. Nur unser Held, der hüpft und lacht dabei und ist fröhlich schadenfroh. Gönnen wir ihm diesen Moment des Triumphes!

Skurril

Ban football from vuvuzela concerts

Netzwerk	Gründername	Mitglieder
Facebook	Daniel Demmel	32.747

Sie waren, abseits von den sportlichen Leistungen, DAS Thema der Fußball-WM 2010 in Südafrika: die langen Plastiktröten mit dem Namen „Vuvuzela". Zu Beginn hat sich noch jeder darüber amüsiert, dass der Name wie „Uwe Seeler" klingt, aber nach den ersten Spielen war klar: Diese Teile würden polarisieren. Denn vor allem zu Hause vor dem Fernseher war das ganze Spiel über fast nichts anderes mehr zu hören als ein einziges Dauertröten. Die Nation war gespalten: Die einen moserten, es käme keine Stimmung auf (zu Hause! vor der Glotze!) und man könne die Fangesänge nicht hören, die so wichtig für die Atmosphäre seien. Die anderen meinten, die Vuvuzelas wären nun mal so ein südafrikanisches Ding und man könne denen wohl kaum in ihrem eigenen Land ihre Gepflogenheiten verbieten. Ich gehörte eher zur zweiten Gruppe. Ich fand das lustig. Und war deswegen auch froh über diese Facebook-Gruppe. Endlich hat einer verstanden, um was es WIRKLICH geht. Bis zur Vuvuzela-Meisterschaft in vier Jahren!
TRÖÖÖÖÖÖÖÖÖÖÖÖÖÖÖÖÖÖÖÖÖT!!!!!!!

Wenn der Polizist sagt „Papiere" und ich sag „Schere", hab ich dann gewonnen?

Netzwerk	Gründername	Mitglieder
Facebook	Felix Gross	148.466

Ich liebe Wortspiele dieser Art. Dementsprechend witzig geht es auch auf der Pinnwand weiter. Das Zusammentreffen mit den uniformierten Ordnungshütern ist ein Eldorado für Sprachwitze. Ich stell mir übrigens gerade das verdutzte Gesicht des Polizisten vor, dem man tatsächlich mal diese Antwort auf seine Frage nach den Wagenpapieren gibt! Leider finde ich auf der Pinnwand keinen Eintrag dazu, ob das ein Mitglied schon ausprobiert hat. Dafür findet sich folgende schöne Anrede für die Polizisten: „Na, hat euch die Mama wieder GLEICH angezogen?" Bleibt nur die Frage offen, was passiert, wenn der Polizist am Schluss des verbalen Schlagabtausches noch „Stein" sagt? Hat der dann am Ende doch gewonnen?

Lasst den Kachelmann frei!
Seitdem der sitzt,
ist das Wetter beschissen.

Netzwerk	Gründername	Mitglieder
Facebook	Thomas Schöne	26.240

Kaum eine Gruppe wächst so wahnsinnig schnell wie diese, da muss das Thema schon von großem Interesse sein. Ich höre ja seit Tagen nur noch Storys über Tornados in Brandenburg, Überschwemmungen in Polen, Aschewolken in Island, und es ist nach wie vor kein Fitzel Sommer zu sehen. Nach dem April machte der Mai auch schon wieder, was er will, und als der Kachelmann noch weiter einsaß, hat der Juni es schon gerächt. Der Juli hat dann wider Erwarten noch mal so richtig Druck gemacht und voilà: Seit der Kachelmann wieder auf freiem Fuß ist, wird das Wetter wieder schlechter … Ist doch kein Verlass drauf. Man hört auch gar nicht mehr viel über den Kachelmann, wie's weitergeht. Wenn das alles nichts mehr wird mit dem TV-Wetterfrosch, kann er ja auf Facebook seine eigene Gruppe gründen, die Fanbase wäre da. Und dann wird's auch endlich wieder wärmer … oder kälter, auch egal!

Wo zum Teufel sind eigentlich die Eltern von Tick, Trick und Track?

Netzwerk	Gründername	Mitglieder
Facebook	Jasmin Offenberger	137

Diese hochinteressante Gruppe wirft mehr als eine Frage auf: Nicht nur WO sind die Eltern, sondern vor allem WER sind diese Eltern eigentlich? Das hab ich mich tatsächlich schon öfter gefragt. Müssten ja dann Geschwister von Donald sein?! Taucht irgendwo mal ein Bruder auf? Nicht dass ich wüsste. Mal abgesehen davon, dass diese Bengel eh keine Eltern brauchen, weil in ihrem wahnsinnig schlauen Buch alles drinsteht, wird auch nirgends verraten, wo ihre Eltern sind. Beim Googeln im Netz hab ich folgende Info bekommen: „Als irgendwann in den Dreißigern TT&T zum ersten Mal auftauchten, hatten sie einen Brief von Donalds Schwester Della Duck dabei, die die drei Blagen ihrem Bruder mit bekanntem Resultat aufdrückte. Della ist die Tochter von Dagoberts älterer Schwester, Dorette (also Oma) Duck deren Tante, also Tochter vom Bruder von Dagoberts Vater Dietbert, gleichzeitig also Dagoberts Cousine." Oder so. Aber wo die Eltern sind, wissen wir immer noch nicht.

Als ich klein war, dealte man noch mit Stickern

Netzwerk	Gründername	Mitglieder
Facebook	Anni Sneikus	404

Ach damals, das waren noch Zeiten. Die E.T.-Sticker aus dem Album miteinander auf dem Schulhof tauschen (und den Jungen reicher Eltern verfluchen, der wirklich ALLES IMMER bekommen hat) oder sich am nächsten Morgen über das „A-Team" unterhalten. Dazu kam natürlich auch noch die Tatsache, dass bei drei TV-Kanälen auch fast alle immer das Gleiche gesehen haben. Mensch, war das schön. Muss ich da über heute noch viele Worte verlieren? Handy? IPod? SuperRTL, KiKa? Panini Fußball, Panini Hello Kitty, Panini Lilifee? Hach, es ist wirklich anders geworden. Diese Harmlosigkeit wie bei uns früher, die scheint irgendwie weg zu sein. Aber – und es wird höchste Zeit für ein dickes, fettes „Aber" – wenn ich zur WM Sticker sammle und dann mit den Klassenkameraden meiner Tochter vor Schulbeginn tausche, dann weiß ich, dass eben noch nicht alles verloren ist. Eher im Gegenteil: Es bleibt alles anders. Und genauso soll das ja auch sein.

Wer GZSZ für übertrieben hält, ... der war noch nie in Soest

Netzwerk	Gründername	Mitglieder
StudiVZ	Maus ♫♪♫	697

Fast 50.000 Einwohner hat die kleine Perle im Ruhrgebiet. Ein kleines, beschauliches Städtchen mit schönen alten Fachwerkhäusern, sicherlich immer einen Ausflug wert. Aber was man als Tourist ja nie zu sehen bekommt: Gerade in diesen Städten brodelt es manchmal unter der Oberfläche. Da gibt es Intrigen ohne Ende, da giftet der eine gegen die andere. Und die Infrastruktur eines kleinen Städtchens sorgt dabei einerseits für eine schnelle Verbreitung von Gerüchten und andererseits für ein großes Ausschmücken derselben. In der Stadt verlaufen sich solche Geschichtchen schneller, aber in der Kleinstadt, da wird man Sachen nur schwer wieder los. Ich weiß wovon ich rede, ich bin in einer aufgewachsen. Da wird es gerne mal pathetischer, dramatischer, lauter, lustiger und bisweilen sogar unrealistischer als in jeder x-beliebigen Soap Opera. Deswegen beim nächsten Ausflug: Auch mal versuchen, hinter die Gardinen zu gucken. Da liegt das Unterhaltungspotenzial.

IT'S AN HONOUR TO BE A BONNER; BUT IT'S ROYAL TO COME FROM BEUEL

Netzwerk	Gründername	Mitglieder
Facebook	Sebastian Pätz	356

Ich bin ja in Bonn geboren und später in Bad Godesberg zur Schule gegangen. Da ich in einem kleinen Städtchen zwischen Köln und Bonn aufgewachsen bin, hatte ich natürlich schon immer einen Bezug zu Bonn. Ich habe meinen ersten und einzigen McDonald's-Geburtstag in Bonn gefeiert. Ich war in Bonn auf meiner ersten Anti-Nazi-Demo. Eine meiner ersten Freundinnen habe ich in Bonn beim „Rhein in Flammen" kennengelernt. Oder war es bei der „Rheinkultur"? Egal. Es war auf jeden Fall in Bonn. Aber: Den Grundstein für mein späteres Leben, für meine Liebe zum großen Auftritt und die erste Kanalisierung meiner Rampensauigkeit: Das habe ich alles aus Beuel. Meine Schwester hat damals dort gelebt und ich habe, noch bevor ich beim Fernsehen war, nicht nur in Beuel Schauspielkurse besucht, sondern auch am dortigen Theater gespielt und mich vom Publikumsvirus anstecken lassen. Man kann also mit Fug und Recht behaupten: Bonn brachte mich zwar zur Welt, aber Beuel machte mich zu dem, der ich jetzt bin. Teilweise zumindest.

Keinen Führerschein, dafür aber der bessere Beifahrer ...

Netzwerk	Gründername	Mitglieder
StudiVZ	Gibt's nicht mehr ... Führerschein gemacht?	153

Das Schöne am Durchforsten dieser Gruppen ist es ja herauszufinden, dass es Menschen gibt, denen es so geht wie einem selbst. So auch in diesem Fall: Ich habe keinen Führerschein. Da fragen die Menschen einen immer mit weit aufgerissenen Augen „WARUM?!?!?!" und ich erkläre, mein Leben lang nur in Städten gewohnt zu haben, wo ein Führerschein nie vonnöten war. Gut, zum Einkaufen wär er manchmal schön, aber auch nicht notwendig. Vorteil: Durch meine so lange Führerscheinlosigkeit bin ich zum perfekten Beifahrer geworden: Ich kann Musik auswählen, die zur Situation passt, kann die Karte lesen, Getränke verwalten und Telefonservice machen, wenn keine Freisprechanlage vorhanden ist. Ein elementarer Bestandteil dieser Arbeit ist in den letzten Jahren leider weggefallen: das Kartenlesen. Weil jeder ein Navi im Auto hat, sind wir angeblich ersetzbar geworden. Aber zeig mir mal das Navi, das dir die Cola aufmacht und ein Brötchen reicht, während es den besten Radiosender findet. Haha! Ihr Fahrer seid nichts ohne uns! Merkt euch das!

Institut für interdisziplinäre Parkplatzforschung

Netzwerk	Gründername	Mitglieder
Facebook	–	98 gefällt das

Diese Gruppe ist, auch wenn man es auf den ersten Blick denken würde, KEINE Spaßgruppe. Das Institut für interdisziplinäre Parkplatzsuche mit Sitz in Hamburg gibt es tatsächlich, und es beschäftigt sich mit den Folgen und Auswirkungen der Parkplatzsuche. Was es alles gibt! Aber die können forschen, was sie wollen – um an das Geheimnis der Parkplatzfindung zu kommen, muss man in spirituellen Gefilden suchen. Denn nur, wenn man sich bildlich vorstellt, dass man einen Parkplatz findet, und einen entsprechenden Wunsch ans Universum losschickt, bekommt man wirklich einen! Alle anderen Berechnungen sind schlichtweg falsch. Bei mir klappt das immer super und alle meine Freunde sind mehr als beeindruckt, wenn ich direkt vor dem Restaurant oder dem Club einen freien Parkplatz bekomme. Immer. Vielleicht ist das auch angeboren, meiner Mutter geht es auch so. Übrigens find ich auch gut, dass sich Smarts nicht mehr quer in Parklücken stellen dürfen ... Aber das ist schon wieder Thema einer anderen Facebook-Gruppe.

Wenn man einen neuen Hammer hat, sieht alles aus wie ein Nagel.

Netzwerk	Gründername	Mitglieder
StudiVZ	Patrick Dudler	1.834

Neulich mit meiner Tochter: Wir waren bei einem Straßenumzug, und sie hat einen Kugelschreiber geschenkt bekommen. Dann lief sie rum, blickte auf mein Shirt und sah die weiße Schrift darauf. Und schon hatte sie den Kuli angesetzt. Ich konnte sie gerade noch stoppen. Oder ein Freund von mir: Kauft sich einen neuen Fernseher und guckt seitdem jeden Schrott. Okay, das stimmt nicht. Der „Freund" bin ich. Aber es ist wirklich so: Ich habe mir in letzter Zeit überdurchschnittlich viel Schrott angeguckt, nur weil ich mir so gerne das Bild auf meiner Glotze ansehe. Und weil ich die neue Fernbedienung gerne benutze. Wenn man etwas neu hat, will man es benutzen. Oh, eine neue Kettensäge? Ja, ich denke schon, dass in diese Holzwand dringend mal ein Loch sollte. Oh, dir ist mein neues Geschirr aufgefallen, ja, super! Hier hast du schon mal die Vorspeise, die anderen fünf Gänge kommen gleich. Ist doch egal, dass es erst zehn Uhr morgens ist! Neue Sachen sind einfach die besten Sachen. Kein Zweifel.

Lass mich, ich kann das! Ohh, kaputt!

Netzwerk	Gründername	Mitglieder
Lokalisten	kamikazze_1	4.128

Ich bin den Ausspruch eigentlich nur von meiner 9-jährigen Tochter gewohnt, lasse mich aber gerne belehren. Beim Recherchieren rund um diese Gruppe habe ich direkt schlechte Laune bekommen. Der Gruppengründer meint das gar nicht so witzig, sondern fühlt sich dem universellen „Verlierer-Mitleid-Club" zugehörig. Alleine das Gruppenbild spricht Bände: Ein kaputtes, wundes Herz, mit Pflaster beklebt. Ohh, der Arme. Auch die empfohlenen Gruppen, wie zum Beispiel „Bin mal kurz weg, glückliche Pärchen im Park vergiften", lassen darauf schließen, dass kamikazze_1 (Er wird sich doch nix antun?) kein glückliches Händchen mit Beziehungen hat. Und dann noch seine gesammelten Kommentare wie: „Manchmal ist das Leben voll Scheiße!" oder „Eine Lüge ist manchmal weniger schmerzhaft". Ei, ei, ei, das lässt tief blicken, auf ein tief verwundetes Herz. Kamikazze-1, lass es mich mit Udo Lindenberg sagen: „Ein Herz, das kann man reparieren", und ich spreche da aus Erfahrung! Das schaffst du schon! Kopf hoch!

NEIN, Spinnen haben NICHT mehr Angst vor mir als ich vor ihnen!

Netzwerk	Gründername	Mitglieder
Facebook	**Bianca Wagner**	**7.876**

Ich hab schon oft überlegt, ob die Viecher weniger unheimlich wären, wenn sie Geräusche machen würden, z. B. wie Vögel. Aber vermutlich wären sie einem immer noch nicht geheuer. Diese langen dünnen Beine, und dann so viele davon. Die Tatsache, dass es ein paar giftige Exemplare gibt und dieses eiskalte „Ich fang dich, dann pack ich dich ein und ernähr ich mich ein paar Tage von dir", das ist mir irgendwie suspekt. Und der schlimmste Spruch, wenn man mal wieder vor so einem hektisch krabbelnden Mörderviech in Deckung geht, ist ja wohl: „Die haben mehr Angst vor dir, als du vor ihnen." Wenn die so eine Angst vor mir haben, was machen die dann in meiner Nähe?! Außerdem sagen das immer Leute, die die Spinne dann mit der Hand fangen und einem vor die Nase halten, am besten noch garniert mit einem: „Guck mal, wie schön die eigentlich sind!" Um es hier noch mal unmissverständlich festzuhalten: Spinnen sind eklige, unheimliche und hässliche Tiere! Lasst mich in Ruhe damit! Danke.

Mein Kind kriegt mal ein Pony, ob es will oder nicht^^

Netzwerk	Gründername	Mitglieder
StudiVZ	Anja Aures	57

Überambitionierte Mütter – man sieht sie überall. Fahren einem mit dem neuen Kinderwagen in die Hacken und beschweren sich, dass man ihnen im Weg gestanden hätte. Wahnsinn. Die Kinder sind dann schon mit fünf Jahren voll auf Karriere gebürstet und unerträgliche kleine Klugscheißerchen. Ich saß mal in der Jury der Mini Playback Show, ich weiß wovon ich rede. Da müssen die Kleinen all das ausleben, was die Mütter sich in ihrer Kindheit nur wünschen konnten. Alles natürlich nur zum Wohle des Kindes. „Sie will es ja selber!", wird da gerne von den Erziehungsberechtigten gerufen. Nun denn, in dieser Gruppe haben wir es mit etwas harmloseren Exemplaren zu tun: Da kriegt das Kind nur ein Pony – um den ewigen Wunsch der Mutter zu erfüllen. Und während das Kind sich dann an der Koppel langweilt und neue Rekorde auf seinem Nintendo DS bricht, striegelt die Mutter mit glänzenden Augen das Pferd und ruft so was wie „Guck mal, wie schön das ist!". Am Ende sind ja dann doch alle glücklich.

Sie müssen den Text nicht verstehen, Sie sollen's nur übersetzen

Netzwerk	Gründername	Mitglieder
StudiVZ	Nina Bellak	54

Neulich in einem Übersetzungsbüro. Ein Regisseur lässt sein Drehbuch übersetzen. Dabei kommt es zu folgendem Dialog mit dem Übersetzer:

„Entschuldigung, aber hier der Satz, der macht eigentlich keinen Sinn, denn der Mann kam ja gerade aus dem Haus raus, warum sollte er dann wieder im Wohnzimmer stehen?"

„Ja, das ist mir durchaus bewusst. Ich habe das absichtlich so geschrieben. Denn es handelt sich um einen surrealistischen Traumfilm, da sind physikalische Gesetze schon mal aufgehoben."

„Ja, aber man kann ja nicht im Haus sein, wenn man gerade rausging ..."

„Und das habe ich Ihnen gerade versucht zu erklären: Es ist ein Traum! Alles ist möglich! Es ist nicht realistisch!"

„Hmm, ich verstehe. Unrealistisch. Ja. Klar. Ein Traum. Hmm. Okay. Aber WIE kann man IM Haus sein, wenn man doch gerade RAUSging und ..."

„ES IST EIN TRAUM! UND JETZT ÜBERSETZEN SIE ES BITTE EINFACH NUR!"

„Ja, ist ja schon gut, Herr Lynch. Entschuldigen Sie bitte, dass ich mir so meine Gedanken mache. Aus dem Haus gehen und drin sein. Pff."

Ich habe Google Earth durchgespielt

Netzwerk	Gründername	Mitglieder
StudiVZ	Michl Bell	1.491

Videospieler sind eine ganz eigene Spezies, zu der ich mich durchaus auch zähle. Keine Herausforderung wird gescheut, wenn einen die Grafik anspricht und die Steuerung nicht zu blöde ist. Und dann hat man da plötzlich dieses Programm, mit dem man sich beliebig weit aus der Erde wegzoomen und wieder ranfahren kann. Man fliegt in einem Wahnsinnstempo von zu Hause ins Weltall, dreht ein halbes Ründchen um die Welt und landet dann irgendwo mitten in den Anden. Wer da nicht daran denkt, zwischendurch irgendwelche Ufos abzuknallen oder so, der hat wirklich noch nie irgendwas am Computer gespielt. Aber wer sich mehrere Stunden damit beschäftigt hat, der dürfte eigentlich durch sein. Denn ganz ehrlich: So spannend ist der Endgegner nicht. Eher ein bisschen langweilig. Oder ist das Spiel nach dem Sturzflug in den Eyjafjallajökull noch gar nicht zu Ende? Hab ich was verpasst? Hab ich einen Level ausgelassen? Komm, mach noch mal an. Bei meiner Zockerehre!

Und dann ich so, und dann er so, und dann sie so, und dann ich so ...

Netzwerk	Gründername	Mitglieder
Facebook	Jasmin Straller	11.116

Wer ist nicht entnervt von diesen endlosen Erzählkonstrukten, die zu keinem Ende kommen und ohne Punkt und Komma Schwachsinn aneinanderreihen. Ganz katastrophal wird es, wenn man so ein Null-Gespräch auch noch am Telefon ertragen muss, ohne wirkungsvollen Augenaufschlag und verräterische Gestik, die einen manchmal noch einen Sinn erkennen lassen könnten. Aber rein akustisch der „Ich dann so und er dann so"-Arie zu folgen, grenzt an Körperverletzung. Also, wenn mich jemand so voll labert: „... und dann ich so, und dann er so, und dann er noch mal so, und dann wieder ich so, und hää ... wo war ich?! Ach ja ... dann ich also so ... und, ne? Er so ... nee, echt — ach egal." Ich dann immer so: Danke fürs Gespräch!

Als ich es dachte, klang es noch logisch!

Netzwerk	Gründername	Mitglieder
Facebook	**Valentin Franz Benjamin Kamlander**	**23.310**

Als ich der Gruppe beigetreten bin, hatte ich binnen weniger Minuten schon zehn Freunde, denen meine Aktivität gefallen hat. Scheint nicht nur dem Gruppengründer so zu gehen. Warum die Logik sich bei längerem Nachdenken so oft um die eigene Achse dreht, ist wohl noch nicht hinreichend erforscht worden. Ich hab's lange nicht gecheckt, bis ich es verstanden habe ;-). Aber beim längeren Betrachten der Kommentare scheint es sich hierbei eher um eine Ansammlung lustiger Versprecher und unlogischer Tatsachen zu handeln. Köstlich diese Frage: „Warum ist das Toastbrot immer eckig, wenn die Wurst doch rund ist?" Ist doch wirklich total unlogisch! Oder „Warum liefert Mc Donald's eigentlich nicht nach Hause?" – auch eine mehr als berechtigte Frage. Mir ging es auf jeden Fall immer im Matheunterricht so. Als ich es eben noch dachte, war alles logisch, beim Aussprechen hat's nie jemand verstanden. Ich auch nicht!

Du hast zwar recht, aber ich finde meine Meinung besser.

Netzwerk	Gründername	Mitglieder
Facebook	Özge Esatbeyoglu	40.852

Ach, sinnlose Diskussionen, wer liebt sie nicht? Bei mir ist es so: Ich hasse Streit – Streiten ist meistens unlogisch und Emotionen sind keine Basis für eine konstruktive Diskussion. Aber: Über die Grandezza der Beatles gegenüber der relativen Einfallslosigkeit der Stones (die nicht so schlimm ist, aber man muss ja ein bisschen übertreiben), über den sich perfekt in die Serie einfügenden vierten Teil der Indiana-Jones-Reihe (Natürlich überlebt Jones eine Atomexplosion in einem Kühlschrank, der hat doch am Ende des letzten Teils vom heiligen Gral getrunken!) und alles andere, was Popkultur betrifft, kann ich nächtelang eifrige Diskussionen ausfechten. Dabei gibt es nur eine Regel: Die Argumentation soll sich rational und logisch anhören, muss es aber nicht unbedingt sein. Solche Diskussionen sind eine Art Rollenspiel: Man muss seine Meinung auch verteidigen können. Außerdem: Wer sich mit uns auf eine Diskussion einlässt, kann einfach kein Recht bekommen, auch wenn er recht hat.

If 100.000 people join this group I will delete it.

Netzwerk	Gründername	Mitglieder
Facebook	Mischa Sarim-Vérollet	96

Der Mensch ist ein Jäger und Sammler. Das wird einem auch in sozialen Netzwerken schnell klar. Die einen sammeln Freunde, die anderen Unterstützer – und sei es ein noch so bescheuertes und belangloses Unterfangen. Bei Facebook bin ich schon über alle möglichen Gruppen der Art gestolpert: Wenn wir über 100.000 Mitglieder haben, dann …

... wird Facebook einen „Dislike-Button" einführen.

... wird Angela Merkel eine neue Frisur tragen.

... geht die Welt unter.

... können wir sämtliche weltpolitischen Entscheidungen treffen.

... wird Fußball nach UNSEREN Regeln gespielt.

Okay, ich habe es ein wenig zugespitzt, aber was die Intention betrifft, so geht das da ab. Und das fand ich immer uncool. Bis ich auf diese Gruppe hier gestoßen bin. Eine Negierung des Sammelgedankens. Und auch wenn ich „Anti"-Sachen meistens doof und besserwisserisch finde: Das hier ist ja wohl ein großer Spaß!

Es gibt zu viele sinnlose Gruppen auf Facebook

Netzwerk	Gründername	Mitglieder
Facebook	Yönten Chhiring	130

Das ist ein schönes Fazit für dieses Buch. Beim Surfen durch die unterschiedlichen Communitys fragt man sich des Öfteren, was die eine oder andere Gruppe überhaupt soll und warum es jede Gruppe doppelt und dreifach geben muss. Das kann man doch mal vorher checken, oder? Nicht alle Seiten sind witzig und vor allem die Anhäufung von schwachsinnigen Kommentaren gelangweilter Nutzer lässt einen zu dem Schluss kommen: Es gibt definitiv zu viele sinnlose Gruppen auf Facebook! Aber glücklicherweise kommt da auch immer wieder ein neues Highlight dahergeflogen, wie zum Beispiel ganz aktuell, kurz vor Druckschluss: „Wenn der Polizist sagt ‚Papiere' und ich sag ‚Schere', hab ich dann gewonnen?"

Skurril

Bildnachweis

Das Bildmaterial stammt von der Online-Bildagentur www.fotolia.com.
S. 10: © G.Light; S. 11: © Ann Stephenson; S. 12: © Digitalpress; S. 13: © Anyka; S. 14: © i love images; S. 15: © Tom Bayer; S. 16: © Peter Atkins; S. 17: © Angelika Bentin; S. 18: © diego cervo; S. 19: © Deklofenac; S. 20: © Hallgerd; S. 21: © Denkou Images; S. 22: © Joachim Schiermeyer; S. 23: © Jeanne Hatch; S. 24: © kato; S. 25: © Tom Bayer; S. 26: © Eugenio Marongiu; S. 27: © easaab; S. 28: © Fotolia VI; S. 30: © contrastwerkstatt; S. 31: © Lasse Kristensen; S. 32: © alexfiodorov; S. 33: © Nano; S. 34: © Friedberg; S. 35: © lagom; S. 36: © Carsten Steps; S. 37: © lino beltrame; S. 38: © cristina; S. 39: © Fotolia IV; S. 40: © Peter Atkins; S. 41: © Brunchmaus; S. 42: © Kerstin Meier; S. 43: © Otmar Smit; S. 44: © LordVader; S. 45: © Yvonne Bogdanski; S. 48: © Fotolia IX; S. 49: © Marc Remó; S. 50: © fotos4people; S. 51: © Vely; S. 52: © jeancliclac; S. 53: © Bernd Kröger; S. 54: © areafoto; S. 55: © Jason Cosburn; S. 56: © drubig-photo; S. 57: © Donald Handley; S. 58: © Bart1983; S. 59: © Fotofreundin; S. 60: © Scott Griessel; S. 61: © 12foto.de; S. 62: © Katja Jentschura; S. 63: © iofoto; S. 64: © Phototom; S. 65: © roxcon; S. 66: © Franz Pfluegl; S. 67: © Firenight; S. 68: © Thomas Aumann; S. 69: © RRF; S. 70: © chriskuddl/zweisam; S. 71: © Denkou Images; S. 72: © Blend Images; S. 73: © negrobike; S. 76: © Scott Griessel; S. 77: © MOKreations; S. 78: © Frankwalker.de; S. 79: © Yuri Arcurs; S. 80: © Traveler; S. 81: © i love images; S. 82: © blende40; S. 83: © Thomas Graf; S. 84: © SVLuma; S. 85: © Kzenon; S. 86: © somenski; S. 88: © matthias fährmann; S. 89: © Pavel Losevsky; S. 90: © Chris Wohlbrecht; S. 91: © Christian Jung; S. 92: © unpict; S. 93: © m.schuckart; S. 94: © zolwik; S. 95: © Igor Tarasov; S. 96: © Alta.C; S. 97: © Joe Gough; S. 98: WoGi; S. 99: © Alina Isakovich; S. 102: © Pavel Sazonov; S. 103: © Claudia Paulussen; S. 104: © Juan Llauro; S. 105: © Paylessimages; S. 106: © corentin orsini; S. 107: © ant236; S. 108: © monamakela.com; S. 109: © lu-photo; S. 110: © 14ktgold; S. 111: © Nick Freund; S. 112: © bilderquelle; S. 114: © Sergey Lagutin; S. 115: © Fotolial; S. 116: © Chawki Jreige; S. 117: © Johannes Heling; S. 118: © maxim; S. 119: © Jenny Thompson; S. 120: © Alexander; S. 121: © cw-design; S. 122: © Brod'ayaga; S. 123: © Cheryl Casey; S. 124: © fotokalle; S. 125: © Bastos; S. 126: © Franz Pfluegl; S. 127: © Hennes; S. 128: © Fedor Sidorov; S. 129: © nazira_g; S. 130: © emmi; S. 131: © Kati Neudert; S. 132: © Ambrosede; S. 133: © Eric Fahrner; S. 134: © detailblick; S. 135: © alephnull; S. 136: © Monkey Business; S. 138: © Jacek Chabraszewski; S. 139: © Otto Durst; S. 140: © moodboard; S. 141: © James Steidl; S. 142: © Harald Soehngen; S. 144: © Wolfgang Herget; S. 145: © Ernst-P.; S. 146: © Juice Images; S. 147: © Ernest Prim; S. 148: © Bullysoft; S. 149: © Gerard Moreau; S. 150: © FotoFrank; S. 151: © marylin barbone; S. 152: © Nawel Rahal; S: 153: © Christian Lück; S. 154: © Gordon Bussiek; S. 155: © ele; S. 156: © SyB; S. 157: © Jürgen Haag; S. 158: © fotofrank.

Weitere Fotos:
S. 2: © Silke Bolms (oben), © Silke Bolms (unten); S. 143: © Silke Bolms.

NA, AUCH SCHON WACH?
MORGENS
15:30
in Deutschland
Handbuch für aufgeweckte Studenten
VON
DAVID WERKER
Langenscheidt
Langenscheidt
Entertainment